管理与沟通智慧

管理者的案头宝典

余群建 郑休宁 著

中国财富出版社有限公司

图书在版编目（CIP）数据

管理与沟通智慧：管理者的案头宝典 / 余群建，郑休宁著 . —北京：中国财富出版社有限公司，2021.4（2021.10 重印）

ISBN 978-7-5047-7405-7

Ⅰ.①管… Ⅱ.①余…②郑… Ⅲ.①企业管理—人力资源管理 Ⅳ.① F272.92

中国版本图书馆 CIP 数据核字（2021）第 061573 号

策划编辑	李 晗	责任编辑	邢有涛 李 晗		
责任印制	梁 凡	责任校对	卓闪闪	责任发行	黄旭亮

出版发行	中国财富出版社有限公司		
社　　址	北京市丰台区南四环西路 188 号 5 区 20 楼	邮政编码	100070
电　　话	010-52227588 转 2098（发行部）	010-52227588 转 321（总编室）	
	010-52227566（24 小时读者服务）	010-52227588 转 305（质检部）	
网　　址	http://www.cfpress.com.cn	排　　版	宝蕾元
经　　销	新华书店	印　　刷	宝蕾元仁浩（天津）印刷有限公司
书　　号	ISBN 978-7-5047-7405-7/F · 3282		
开　　本	880mm×1230mm　1/32	版　　次	2021 年 8 月第 1 版
印　　张	5.75	印　　次	2021 年 10 月第 2 次印刷
字　　数	106 千字	定　　价	60.00 元

版权所有·侵权必究·印装差错·负责调换

前言
PREFACE

人是有差异的,正是这些差异,形成了社会中不同的岗位和分工。同时人的劳动能力也有差异,因此,管理者要让不同的人到合适的岗位上。

西周末年,周太史史伯提出:"夫和实生物,同则不继。"孔子又说:"君子和而不同,小人同而不和。""和"阐述了团队的人才配置,将不同的人进行和谐搭配,以产生最大的效能。这与西方管理学认为的"管理的实质就是使各种管理要素和谐有序,从而提高组织的创造力和竞争力"是一致的。

关于组织管理的问题,其实我们的先祖深谙其道。中国很多历史人物,从弱小变得强大,如曹操;从平民到帝王,如朱元璋;从困境到开创自己的天地,如刘备;等等,不胜枚举。分析这些事例,就足以解决很多关于组织管理的问题。

关于职场沟通问题,从现在的职场人越来越不懂沟通的现象来看,是因为很多人学了西方的沟通思维以后,没有因地制宜地进行转换。中国人和西方人的思维模式有很大不同，西方人很多时候不能理解中国人的沟通哲学，所以也无法指导中国人的沟通。在中国，强调的是一种变通精神，旨在寻求协调解决事情的好方法，中国人喜欢太极，太极的精髓就在于"化有形于无形"，招式不在多，关键时刻一招制胜。

要管理，要沟通，首先得去了解对方，了解对方的思维和逻辑，这样才能更有的放矢，才能做到更有效。

本书分为"中国人的组织管理""新生代员工的管理与领导""中国人的沟通智慧"三篇，借古论今，将中国智慧与现代管理理论相结合，希望能给读者带来启发和帮助。

希望大家在阅读本书的同时也不吝赐教，多多指正！谢谢！

目 录
CONTENTS

第一篇　中国人的组织管理 001
第一节　组织领导者的职责 002
第二节　领导者在组织中的重要性 006
第三节　组织中的人才与人才培养 019
第四节　领导与管理 023
第五节　领导与领导力 026
第六节　建设高绩效的团队 043

第二篇　新生代员工的管理与领导 057
第一节　管理者对新生代员工认知的差距 058
第二节　新生代员工的需求与执行力 065
第三节　批评教育新生代员工的方式方法或技巧 070
第四节　新生代员工的自我价值实现 073
第五节　新生代员工管理已经步入新的发展阶段 084

第三篇　中国人的沟通智慧 093
第一节　沟通的定义与原理 095

第二节　人际沟通的障碍 …………………………… 100

第三节　沟通中非语言信息的运用 …………………… 108

第四节　信息接收导致的沟通障碍问题 ……………… 114

第五节　因沟通渠道导致的沟通障碍问题 …………… 116

第六节　造成职场沟通障碍的主要因素 ……………… 121

第七节　克服沟通障碍的两大绝招 …………………… 126

第八节　沟通时必须注意的五个主要细节 …………… 131

第九节　如何向领导做有效的请示汇报 ……………… 134

第十节　不同类型领导的性格特征及应对技巧 ……… 144

第十一节　与领导沟通并说服领导的技巧 …………… 151

第十二节　在沟通中让领导了解你 …………………… 155

第十三节　跨部门（平级）沟通的技巧与策略 ……… 158

第十四节　与员工开展有效沟通的技巧 ……………… 162

第十五节　赞扬或批评员工的技巧 …………………… 168

第一篇

中国人的组织管理

第一节　组织领导者的职责

领导者是指担任某种领导职务、扮演某种领导角色、并实现领导过程的个人或群体。在一个组织中，领导者的职责有以下几项。

一、确定方向

无论组织层级如何、人员有多少，只要是组织就必须要有发展方向，领导者就是确定组织方向的人。

《西游记》里唐僧看起来无能，每每遭遇磨难都需要徒弟拯救。而实际上作为师父的唐僧有着坚定且明确的目标，即使丢掉性命都不会眨眼，从不打退堂鼓，"宁可西行一步死，决不东归半步生"唯一目的就是"西天取经"。

领导者在组织中处于至关重要的地位，组织能否发展，在很大程度上依赖于领导者角色的发挥，"成也领导，败也领导"。领导者确定的组织方向必须是明确的；组织发展方向必须充分考虑到短期利益和长远收益，同时运用各种战略、战术。

二、确定战略

战略是一种从全局考虑、谋划实现全局目标的规划，是一种长远的规划，是远大的目标。规划战略、制订战略、实现战略目标的时间往往是比较长的。战术只是实现战略的手段之一，实现战略胜利，有时候要牺牲部分利益。争一时之长短，用战术就可以实现，如果是"争一世之雌雄"，就需要从全局出发去规划，这就是战略。

在组织发展的不同阶段，对战术和战略的需求是不一样的。曾国藩有两句名言，一是"古之成大事者，规模远大与综理密微，二者阙一不可"；二是"才根于器"。"器"决定了一个人才干的大小。"器"就是战略，是方向，也是抱负、目标，战略上行差踏错，战术上再努力也难以挽救。组织与组织之间十分明显的差距是战略，领导者与领导者之间的巨大差距就是制订战略的能力。

三、激励和鼓舞员工

一个在杭州某家国企担任HRM的朋友，向我进行咨询。他们企业招聘了杭州一所高校计算机专业的学生，在这个企业的ERP信息系统控制岗位任职。因为企业是贸易型公司，这个岗位的工作量并不饱和，所以这个青年员工工作空闲时间在办公室的电脑上玩起了网络游戏。单位的行政副总裁找他谈话，表示公司给他增加工作内容也给他增加一定比例工资，谁知这名青年员工拒绝了领导增加工作内容的要求，也表示对增加工资无所谓。朋友问，当薪酬不能解决问题的时候，该怎么办？

我在给某大学上课的时候，一名学员（企业负责人）说他们单位招聘了一名年轻人当绩效专员，试用期三个月。试用期第一个月，年轻人工作很认真，负责人很满意，就提前两个月转正。但转正后这个年轻人就像换了一个人似的，工作热情和激情锐减，出现了"职场疲惫感"，工作质量也大打折扣。学员问我，余教授你觉得该怎么办？

一个HRD培训班上的学员说他在一家工程监理公司工作，老板是一个很好的人，就是脾气有点儿急，在公司就像一个家长。这几年公司骨干流失很严重，现在的员工大部分是"60后"和"70后"，"80后"和"90后"都待不住，每个离职的人都说老板是个好人，却都不愿意留下来。

为什么会产生上述这些问题？因为作为领导者，不是个人能力强就可以了，还需要激励和鼓舞员工。以前，单打独斗或许可以取得优秀业绩，但在今天，必须发挥团队协作能力才能占有一席之地。

电视剧《亮剑》中，李云龙要培养一批投弹能手，就设定了激励标准，激励标准是"有肉吃"，激励和鼓舞的口号是"狼行千里吃肉，狗行千里吃屎"，硬是把被称为"面粉团"的新一团带成了"主力团"。所以，我们看李云龙不仅打仗点子多,而且作为领导者,在激励和鼓舞团队成员方面也很拿手,总结一下有以下几点值得参考。

第一,制订团队成员的目标。把目标制订得符合实际,使团队成员通过自己的努力就可以实现目标,这样会让团队成员产生自信和挑战的欲望。

第二,点燃团队成员的激情。作为领导者必须要了解自己团队中最容易被点燃的部分,并且能在适当的时候点燃它。因为每个员工的"燃点"都不相同,比如有的人重视和谐的工作环境和开放的沟通渠道;有的人需要明确个人在企业中的前途和是否有充分的培训机会;还有的人非常注重自己是否有足够的隐私空间以及合理的人事安排……领导者需要充分掌握这些情况,并有针对性地点燃团队成员的激情。

第三,激发团队成员的快乐。按照马斯洛需求层次理论,人生的本质是在寻找一种快乐的满足,职业的本质也是如此,作为领导者必须要懂得团队成员需要寻找自我满足的快乐。

第四,满足团队成员希望受到尊重的心理需要。电视剧《亮剑》里,政委赵刚在一次对国民党俘虏的训话中,体现了高超的尊重精神,也是非常经典的一次沟通。在团队中获得尊重是每个人的先天性心理需要,这点在后面的章节中详细阐述。

第五，允许团队成员试错。领导者应鼓励团队成员进行创新，不要墨守成规，这样组织才有活力。但是创新有可能成功，也有可能失败。作为领导者，当创新失败了，要容得下失败并把失败的责任承担起来，否则，团队成员就没有安全感，就容易出现"多做多出错，少做少出错，不做不出错"的心理状态。

第二节 领导者在组织中的重要性

领导者是组织的核心和灵魂，所有成员都应由其指挥，服从其命令，目的就是让组织的资源在最优配置下高效合理地运行。

一、领导者的作用

德国动物学家霍斯特发现了一个有趣的现象，即"鲦鱼效应"，鲦鱼因个体弱小而常常群居，并以强健者为首领。实验中，霍斯特将一只较为强健的鲦鱼脑后控制行为部位切除后，这条鱼失去自制力，行动发生了紊乱，但是其他鲦鱼却仍像从前一样盲目追随。因此，"鲦鱼效应"也说明员工的错误往往是领导者一手造成的，而且失败的领导者也喜欢用团队的业绩和努力来掩盖自己的失败。

一个在嘉兴日资企业（目前主要以日方管理为主）担

任HRM的学员找到我说:"余教授,现在我们缺乏有效率和激情的工作环境。"我问:"是你自己缺乏效率和激情,还是公司的员工缺乏效率和激情?"学员回答:"公司整体氛围就是这样。"我说:"日本人很注重逻辑,更注重组织秩序,也就是上下等级和服从,对员工个性的发挥并不是很注重。"学员说:"教授,你分析得太对了,日资企业更多的是严谨和细致。"我又说:"这种日资企业的管理模式,在5年以前是可以的,大家都在学它们的管理理念,但是现在不一样了,这种管理理念和模式与现在新生代员工的理念是相悖的。"学员说:"确实深有体会,日资企业的管理模式在当代已经开始受到冲击。现在,我对自己的现状和职业生涯也产生了困惑和迷茫。"

为什么会产生这样的情况?其实这就是民族文化和思维模式的不同,没有什么对错之分。具体到企业文化,就是受这个企业领导者的思维、性格、价值观所影响,而领导者的思维、性格、价值观则受其民族文化和地域文化影响。

二、领导者应具备哪些特质

组织的管理,就是一种有结果的组织行为预演。就像我们平时所说的,成功的过程即有结果的过程,叫"经验";失败的过程即无结果的过程,叫"经历"。而且,无论什么样的结果，最终组织的领导者都应面对。因此，可以下结论说"领导者不是阶级、不是头衔、不是特权、不是金钱，而是责任"。因为领导者既要完成组织的目标和使命，也要对团队成员负责。

我做过一次调查，要求参加培训的HR，写出自己身边职场最出色的人所具备的特质。结果统计出来的词语有"敬业、责任心强、细心、自信、勤奋、悟性高、认真、务实、善于沟通、具有团队精神"等，唯独没有"个性"。这也说明一个问题，即职场上成功的人士很多是很会隐藏个性的人。

有一句"鸡汤文"，说"发脾气是本能，压住脾气才是本事"。所谓"脾气就是格局"，格局也决定事业大小。也有人会说，成功的因素有很多，格局仅是其中之一。说得也对，我们可以分析古今中外各类历史人物，卓越的领导者无外乎取决于四个特质。

第一是智商。当然，当智商是硬伤的时候，那是一点办法也没有。智商特别高的人，在事业上的成功概率会比智商普通的人高很多。但这个世界上的成功人士，80%都是智商在100分值左右，这个数据也说明了普通人都是可以成功的，大家在职场上的智商都是差不多的，类似乔布斯的人才总是少数。

第二是情商。当大家在智商上势均力敌的时候，职场就考验大家的情商了,那么什么是情商?情商高低主要体现在三个方面。

第一个方面是"情绪控制能力"。我们看诸葛亮和周瑜谈判的时候,用鹅毛扇挡住自己的脸。为什么?就是不让周瑜通过面部表情来读懂他的心理活动,因为人的面部表情是情绪最直接的体现,所以情绪控制能力高是高情商必备条件之一。

第二个方面是"沟通能力"。按照标准的沟通和倾听要求,有高达75%的职场人士存在着不同层次的沟通缺陷,有些是个性问题,有些不懂沟通,有些是无意流露,具体内容在本书第三篇中进行表述。

第三个方面是"共情能力",什么是共情能力?有人说就是同理心,也可以这么理解,比如说有个精神病患者,蹲在角落里,说自己是一朵蘑菇,不吃也不喝,怎么把这个精神病患者导入正常世界?如果对他说"你不是蘑菇,你这样是精神病!"他会对你说"你才是精神病呢!"如果你也和他一起蹲在角落里,对他说"我也是一朵蘑菇。"过几分钟你站起来,他问"蘑菇可以站起来?"你说"蘑菇是可以站起来的呀。"再过几分钟你吃东西,他又问"蘑菇需要吃东西?"你说"蘑菇是需要吃东西的",这样一步一步,他就被你引导出来了。因此,共情能力可以理解为能够解读正在交流的对方的精神状态，并顺着对方的情感导向继续交流下去，避开雷区，减少摩擦。

第三是逆商。当大家智商、情商旗鼓相当的时候，怎么办？那就考验大家的逆商了。什么是逆商？就是在困难面前不低头、迎难而上越斗越勇，这类人成功概率也会高出许多。现在的年轻人，从小接受的大脑开发教育非常系统，接受新鲜事物的能力很强，但是，他们在逆商方面的淬炼却远远不够。我曾听一个老家在草原的朋友说，草原的狼被牧羊人恨死了，老一辈牧羊人采用了各种方法捕杀狼，包括安装兽夹，兽夹虽然会经常夹捕到其他野兽，但却很难夹捕到狼，为什么？因为，其他野兽被夹住腿脚以后无法逃脱，只能原地打转，而狼一旦发现自己的腿脚被夹住后，绝不坐以待毙，宁肯咬断自己被夹住的腿脚，也要逃走。因此，如果没有逆商，不能应对失败的情况，情商、智商再高，也很难成事。

第四是悟性。悟性在职场至关重要，领导讲话要言出必行，不能朝令夕改，因此很多领导讲话往往都比较慎重，点到为止，此时需要下属自己去领会。所以悟性好的人，领导就喜欢。《西游记》中有一段写孙悟空向师父菩提老祖拜师求艺的故事，当时菩提老祖并没直接教他，而是在他后脑勺敲了三下，孙悟空当下就明白师父要他三更半夜从后门进入，悄悄去找老师学法。如果换成我们会怎么想？估计很多人会想"死老头，教也没教我，凭什么打我？"这就是差距。举个无伤大雅的小例子，话说有一天，局长带着秘书小明在上班高峰期好不容易挤进电梯，局长放了一个奇臭无比的响屁，大家看着局长，局长看着小明，小明无辜地说："局长，我没放屁，屁不是我放的。"不久小明被单位从秘书职位撤换下来，局长说："小明不行，责任意识太差，屁大的事情也承担不了。"我们换个情景，假如小明当时说"不好意思，局长，屁是我放的，早上吃太多了"，则结果可能会完全相反，小明还有可能逐渐被提拔，倘若能够替领导承担一些风险和误会，化解尴尬，具有职场"背锅意识"，就是一种悟性。

三、领导者的任务

有一次，我问一个学员（浙江某民企董事长）："你忙不忙？"学员回答："余教授，我很忙。"他说的是实情，民企的董事长、总经理都特别忙。我再问："你的总经理忙吗？"学员回答："我的总经理也很忙。"我又问："你的中层管理人员忙吗？"学员回答："中层管理人员肯定忙呀。"我还问："你的员工忙吗？"学员回答："他们也很忙。"公司上下都很忙，貌似忙得团团转。

等他回答完了，我问："你一天到晚忙些什么呢？"并邀请他在黑板上把每天忙的工作写下来，他用了近30

分钟写了16条工作内容，我看过以后感慨，怪不得他上厕所都在回复手机消息。接下来我对照他写下的每条内容，问他："这条工作内容是不是你必须亲自干的？"结果有10~13条内容，这名学员说总经理也可以干。也就是说董事长每天干的活儿大部分是总经理可以干的，换句话说，董事长把总经理的活儿给干了，那总经理总要体现自己的价值，怎么办？只能把中层管理人员的活儿给干了。中层管理人员怎么办？不干活儿，绩效考核过不了关，只能抢基层员工的活儿。到这里，我又问了该学员一个问题，你知道你的基层员工每天在干些什么吗？学员被问得一脸茫然，他理所当然地认为员工在努力干活儿。而实际上基层员工在干什么？基层员工在"讨论企业的发展战略和管理问题"，也就是说基层员工在"操心"董事长、总经理的活儿。

因此，单位里负能量和牢骚最多的不是中高层人员，因为中高层人员没时间，负能量和牢骚往往产生于基层，因为他们太闲了。这个问题谁之错？错不在员工，而是在董事长！

领导者根据能力可以分为六个层次：

一流领导者：自己不干，员工快乐地干；

二流领导者：自己不干，员工拼命地干；

三流领导者：自己不干，员工主动地干；

四流领导者：自己干，员工跟着干；

五流领导者：自己干，员工没事干；

末流领导者：自己干，员工对着干。

当然，也有学员问："余教授，你说自己不干，员工快乐地干，那做领导岂不是太舒服了？就坐在办公室动动嘴就可以。"其实不然。领导不干，但领导一定要清楚自己该干的事情是什么，不要去做员工的工作。道理很简单，领导拿的薪酬比员工要高，也就是组织付出的薪酬成本比员工高得多，领导拿着高薪酬干着低薪酬的活儿，这明显就是对组织的不负责。领导是一门艺术，领导者需要让组织成员获得成就感。员工把事情干得很漂亮了，领导就只需要做决策和确定目标。

领导者的第一任务，就是能充分发挥每个组织成员的长处和潜能。因此，我们在考核团队领导者的绩效时要看这个团队的成员在做什么，而不要只看这个团队的领导者在做什么。

领导者的第二任务，就是能及时培养自己的接班人。这样，组织的发展不会因领导者个人问题而停滞或倒退，这也是领导者对组织高度负责的一种表现。

我的一位资深HR朋友刘东畅老师，是阿里巴巴的组织发展专家，曾经写了一篇文章，《多少伟大的企业正死于傲慢》，里面阐述的观点我很赞同，他引用了刘慈欣

《三体3：死神永生》的"弱小和无知不是生存的障碍，傲慢才是"的观点，并阐述说：

"对一个人最大的考验之一，兴许就是众星捧月的那一刻。无论是因为他掌握着核心的权力和资源，还是因为他所创造的成就和价值，抑或超凡的品质和魅力，抑或兼而有之。总之他被抬得很高，足够俯瞰芸芸众生，赫然间发现对着眼皮下那些黑压压的人群，自己可以指点江山，可以谆谆教导，可以忽略掉所有的多样性和同理心，一门心思地坚信自己就代表世界观、人生观和价值观。却不知道这些命运的馈赠，早已在暗中标好了价格，情绪化的潮流来得快去得也快，越是忘形，便越是无所顾忌，一朝一夕之间，便被抛下神坛，万劫不复。个体如此，组织也不过如此。"

"企业的革命和组织的进化，绝不可能是因为某种理想主义，而一定是因为现实利益的考量，这利益如此之大，让企业宁愿重构底层思维和重装操作系统也要拥抱变化。越是复杂性高的时代和场景中，人才的价值越为重要，如果说工业时代拥有更多的工人就意味着价值创造的线性增长，那么在数字经济时代拥有更多的人才，将意味着价值创造的指数级增长。谁拥有了更优秀的人才和更大的人才密度，谁就获得了更强大的创新能力，从而通过创新溢价在商业世界获得更大的话语权和影响力，以及超出想象的高回报。"

"由此将导致这个时代十分重要的变化之一，资本和组织必须在人才面前变得谦卑，因为这'两兄弟'没有别的选择，要么谦卑地活着，要么傲慢地死去。于是大量觉醒过来的资本和组织开始对人才喊话：我愿意交出一切，权力、话语权、利润，只要你愿意来和我们一起创造价值。"

"当资本、组织和人才的天平第一次呈现系统性的倾斜，组织将不再拥有要求人才为组织而改变的权力，而只是去寻求人才当下诉求与自身目标的契合点，作为二者在未来一段时间合作共事的基础，组织也不再拥有自上而下的控制力，因为人才需要并且应当掌控自己的命运。在此基础上，组织将为吸引人才创造一切让其感到开心、舒适、安全和掌控自己命运的环境和条件。这是为什么Netflix要提出基于自由与责任的文化，也是为什么Linkedin要提出联盟制的计划，也是为什么越来越多的小公司愿意将整个公司的战略、组织、权力都递交到一群人才的手上，彻底向自组织转型。"

"其实纵观整个人类社会的历史，之所以人类可以突破马尔萨斯陷阱而顺利发展到今天，依靠的并不是对人才的控制和压迫，而正是来自人性的解放、思想的解放和生产力的解放，使更底层的创新得以出现，带来了持续的技术革命。只有底层创新带来的颠覆才是人类社会永续发展的原动力。"

"整个人类社会的历史，才因此成为一页页社会不断向个体低头，个体不断崛起的历史。当我们回首过往，纵观天下，这一页页被刻进人类基因之中的昭昭天命，是如此璀璨夺目，使一切星辰失去光彩。泰戈尔在《飞鸟集》里写'当我们是大为谦卑的时候，便是我们最近于伟大的时候'我如此想，当社会和组织在每个人才个体面前谦卑的时候，才是真正伟大的社会和伟大的组织诞生的时候。"

四、领导者的灵魂

有一次在某大学上课的时候，我给学员讲了一个故事。

一个初冬的早晨，连长在食堂的泔水桶里发现半个馒头，这种浪费粮食的行为让连长很生气。连长让全体战士集中在操场上，希望那个扔馒头的战士站出来承认错误，可是那个扔馒头的战士没有站出来，这个时候天空下起了淅沥沥的小雨，在这种情况下，如果你是连长该怎么办？

学员纷纷展开了讨论，给出各种解决方案。

方案一：战士回宿舍，连长一个人继续罚站，因为他没有带好战士。

方案二：连长回宿舍，战士继续罚站，直到扔馒头的战士站出来承认错误为止。

方案三：连长和战士一起淋雨，直到扔馒头的战士站出来承认错误为止。

方案四：连长和战士在雨中跑步，直到扔馒头的战士站出来承认错误为止。

方案五：连长和战士一起淋雨，连长暗示指导员先承认错误。

方案六：连长和战士先回去，让扔馒头的战士私下找连长承认错误。

方案七：连长捞起泔水桶的馒头，自己吃了。

方案八：连长捞起泔水桶的馒头，全连战士一起吃。

……

大家议论纷纷，共计列出了十多个解决方案。

上述解决方案，我都不赞同，因为这些方案都是要找出扔馒头的战士。这样做就是把扔馒头的战士和其他战士摆在了对立面，此后团队融合就很难了。

这位连长很高明，他做了两件事情：第一件事，让炊事班把泔水桶里的馒头捞出来煮成一锅粥，全连干部战士一起喝掉，以此说明团队中某个成员犯错的后果需要全体成员共同承担；第二件事，让炊事班熬一锅生姜汤，全连干部战士喝下去，预防感冒。

通过这样两招，团队的融合力和向心力就更强了。

因此，通过上面这则故事可以看出，作为组织的领导者，必须具备三种能力：一是指引得了方向；二是给得了方法；三是凝聚得了人心。

我们来看看《亮剑》中李云龙是怎么把独立团带成一个上万人主力团的，有九大招数。

招数一：向师部请求留下原团长孔捷当副团长，肯定成绩，抚慰情绪——稳定军心；

招数二：利用被服厂厂长一职，带来两百套新军装——见面礼；

招数三：请旅长陈赓训话，立下军令状——激扬士气，明确部队任务；

招数四：自己发表演讲，培养部队气质——树立野狼团精神；

招数五：从失败中汲取教训——避免重蹈覆辙；

招数六：与政委赵刚明确分工——增进信任，避免摩擦，建立强有力的领导核心；

招数七：新建骑兵连，五挺机枪换来孙连长——增强部队作战实力；

招数八：打一次大胜仗（消灭山崎大队）——让领导、同仁及部下彻底认可自己的能力；

招数九：尝试白刃战，研究新战法并付诸实践，将白刃战里军队的劣势转为优势——彻底改变部队作战风格，将个人气质完全融入部队。

刘邦曾说："夫运筹策帷帐之中，决胜于千里之外，吾不如子房；镇国家，抚百姓，给馈饷，不绝粮道，吾不如萧何；连百万之军，战必胜，攻必取，吾不如韩信。此三者，皆人杰也，吾能用之，此吾所以取天下也。项羽有一范增而不能用，此其所以为我擒也。"说的就是这个道理。

第三节　组织中的人才与人才培养

评定人才的标准是什么？是学历还是实际能力？

谁是人才？谁是庸才？如何界定？如何培养？

一、领导要善于培养人才

组织成员为什么在这个组织中奋斗？无非是因为在这个平台上可以满足自己的需求。因此，作为组织的领导者，对人才的培养必须要做两个方面的事情：一方面是"敢于给员工做事的机会"；另一方面是"敢于给员工犯错的机会"。

"敢于给员工做事的机会"不是说随便让员工做什么工作。这里有两层意思：一层意思是放手让员工在权限和职责范围内大胆去干，"信任就是最大的原动力"；另一层意思是鼓励或放手让员工去做开拓创新的工作，"工作领域丰富化是持续动力"。心理学解释，人对已经具有"确定性"的事项是没有多大兴趣的或是麻木的，而更喜欢"不确定性"的事项，但是又想把"不确定性"发展为"确定性"，周而复始。

"敢于给员工犯错的机会"不是说有意放纵员工犯错误。在这里，就是前面所讲"试错"的意思。当然，如果员工老是犯同样错误就要受到批评。孔子讲过"不二过"，意思是"同样的错误不要犯两次"。

因此，"敢于给员工犯错的机会"就是作为领导者要学会保护和爱护自己的员工，组织成员如能知错就改，就不用"一棍子打死"。所以对犯错的团队成员也不一定严格要求到连第二次错误都不能犯的地步。再说只要是人就会犯错，"人非圣贤，孰能无过？"作为组织的领导者，要有宽容之心和大格局，高情商地对待自己的团队成员。

二、领导要成为组织人才的吸引者

《三国演义》中，刘备"跃马过檀溪"后，拜访了自号"水镜先生"的隐士司马徽，司马徽很明确地指出刘备"至今犹落魄"的原因是"不得人"。我们来看《三国演义》第三十五回，有如下对话。

（司马徽）因问玄德曰："吾久闻明公大名，何故至今犹落魄不偶耶？"

玄德曰："命途多蹇，所以至此。"

水镜曰："不然。盖因将军左右不得其人耳。"

玄德曰："备虽不才，文有孙乾、糜竺、简雍之辈，武有关、张、赵云之流，竭忠辅相，颇赖其力。"

水镜曰："关、张、赵云，皆万人敌，惜无善用之之人；若孙乾、糜竺辈，乃白面书生，非经纶济世之才也。"

从上述对话中我们可以看出司马徽明确指出争霸天下的关键，就是谁得到的人才多，谁胜利的可能性就大。

《三国演义》中，刘备和曹操是很会招揽人才的两个人，但所用的方式不一样。读完整部《三国演义》，看不出刘备有多聪明，但可以感受到刘备待人的热情和情感的丰富。投奔到刘备手下的人，几乎没有叛变的。有不少人背叛了曹操，有不少人背叛了孙权，有不少人背叛了董卓，但背叛刘备的人屈指可数。

因此，作为组织的领导者，就要成为组织的人才吸引者，只有人才选对了，才能让团队越来越强。

作为组织的领导者，还需要具有"懂得向上推荐，才能让团队越来越强"的胸怀和格局。

西里尔·诺斯古德·帕金森是英国著名的历史学家、政治学家，他通过长期的调查研究，发现了一个现象：一个不称职的官员，可能有三条出路，一是申请退职，把位子让给能干的人；二是让一位能干的人来协助自己工作；三是任用水平比自己更低的人当助手。

第一条出路一般人不会选择，因为那样会失去权力、地位、高薪。

第二条出路一般人往往也不会选择，因为找个能干的人辅助自己，这个能干的人可能成为自己的对手。

很多人可能会选择第三条出路，当选择第三条出路时，领导者就有平庸的助手帮自己分担工作，可以高高在上发号施令，丝毫不用担心他们成为自己的竞争对手。当平庸的员工成为第一级别的管理者，他们也有同样的心理，也会选择比自己差的人当员工。以此类推，就形成了一个机构臃肿、人浮于事、效率低下的领导体系，这就是著名的"帕金森定律"。

其实我们从"帕金森定律"中可以分析出，人性的弱点之一是害怕被别人超越、被别人取代，无法容忍别人超过自己。因此，即便自己无法胜任工作，需要找帮手，也不愿意找一个能力强于自己的人，而更愿意找一个能力比自己差的人，这样自己才有优越感、自信心、安全感。

古人云："下君之策尽己之力，中君之策尽人之力，上君之策尽人之智。"这就是告诫领导者，必须克服人性的弱点，战胜自己的缺点，知人善用，敢于并善于任用比自己强的人。

第四节　领导与管理

从学术角度来讲，管理是组织成员实现组织目标的过程。而领导是不基于职位影响团队成员在团队利益的框架之内去实现个人利益的能力、行为和过程。因此，领导与管理是相互联系的，但二者并非等同的关系。在管理的过程中，仅有管理，仅基于职位影响员工，仅有组织目标是不够的，还要提高领导力，即提高自己不基于职位影响别人以实现共同目标的能力。

一、完成组织目标需要领导

很多人认为，管理的具体表现，就是控制者、干预者、约束者和阻挡者。实质上，真正意义上的管理，是解放者、协助者、激励者和教导者。在西方的管理理论中，"领导"是作为"管理"的四大基本活动（计划、组织、领导、控制）之一而存在的。因此，我们可以得出一个结论，管理是一个大概念，而领导是从属管理的一个小概念。

在组织行为中，管理是带领团队成员去应该去的地方，而领导是带领团队成员去从来不敢想的地方。因此，在组织中，团队成员惧怕领导者，不是怕领导者这个具体的人，而是惧怕领导者手中的权力。

领导比管理更有利于组织的长远发展。从要素性质、过程等内容来看，管理是为了实现组织目标，所以更重视寻求稳定，注重企业正式组织结构，依赖于控制，关注时间方法和结果。而领导需要实现领导者和员工及群体的共同目标，注重探讨通过革新激发信任，调动员工的积极性，注重长远，重视工作动力和希望。因此，领导者交代任务应让员工全身心地参与进来，而不是机械地执行命令，要让员工有自己的思考与判断，激发员工去思考创造。

在实际工作中，管理者在管理过程中的权威源于职务，而且可以把权力转授他人，强调以正确的方法做事。而领导者的领导力源于员工的认同和追随，无法转授他人。

因此，我们可以看出管理与领导的主要区别，一是是否基于职位影响别人；二是是否与员工有共同目标和利益；三是是否双向互动，与员工互相成就、一起成长、共同提高。如果回答"是"，就是领导；回答"否"，就是管理。

在组织行为中，领导与管理的区别主要体现在三个方面。

第一方面，管理是一种分配任务的工作，而领导是一种技巧。

第二方面，管理必须要运用权力，而领导则需要运用影响力。

第三方面，管理是下达命令，而领导是创造、改变。

从上述三个方面可以看出领导与管理虽然不同，但仍然是一个有机整体，很难进行明确区分，我们可以从层次上进行一个简单梳理。

第一层次，领导负责设立方向，而管理负责制订计划并工作。

第二层次，领导要争取各种资源的参与，并从中进行协调，而管理要组织资源和进行人员的任务分配。

第三层次，领导要鼓舞士气，而管理要督导和解决问题。

作为一个卓越的领导者，在给团队成员分配任务的时候，一般可采用五步法。

第一步，交代任务。

第二步，让团队成员明白任务（愿景激励）。

第三步，让团队成员重复任务（避免出现目标导向误差）。

第四步，让团队成员提前想象任务的困难与应对方案（帮助团队成员解决问题和提供资源）。

第五步，让团队成员自己思考应该怎么做，而不是直接告诉他们怎样做（让团队成员在实践中锻炼成长）。

二、领导者能力的体现

实践工作中，领导者和管理者角色很少分离，一般领导者就是管理者，管理者也是领导者。领导是否要基于管理权力来实现组织目标？当一个领导者没有基于职位给团队成员注入活力、激发他们的成就感与成长意愿，调动团队成员的积极性和潜能以实现共同目标时，他们主要发挥领导者的作用。当领导者基于职位管理日常的行政事务：如规章制度的制订与完善，资源的分配，实施计划、组织、控制等职能以实现组织目标时，他们主要发挥管理者的作用。管理的权威主要来自组织赋予的权力，管理可以通过资源调配来达到控制团队成员符合组织要求的目标。

领导的权威，除来自组织赋予的权力而产生的权威外，第二种就是来自个人魅力而产生的权威。而且第二种权威，一定是随着时间和阅历的积累而形成的，不能一蹴而就。

第五节　领导与领导力

什么是领导力？按照百度上搜索的解释，领导力指"在管辖的范围内充分地利用人力和客观条件，以最小的成本办成所需的事，提高整个团体的办事效率的能力"。如果再简单一点，可以解释为"带领组织成员或团队实现组织目标或组织绩效的一种能力"。

一、关于领导力的中外解释

"领导力"一词可以说是舶来语，从领导力的英文单词Leadership上讲，Lead是"向前"，"突破瓶颈"或"蜕变"的意思。因此，Leadership的本义是勇于向前、突破瓶颈、创造蜕变。由此可见，西方领导力的定义是"突破、提升和蜕变"。

在华夏文明中，领导力是什么概念呢？《说文解字》《康熙字典》《新华字典》里是没有"领导力"这个词的，只有"领""导"两个单字和"领导"这个词。

古代文字中，"领"字是这样写的：

字源是颈伸。可以看出，领更多就是其头、前部的意思，在象形文字中，这是一个人手拿令牌，就是有权势的头人，这个头人可以有生杀大权。

"导"字是这样写的：

字源是手牵而行，进而演化的字形是两旁车马护卫，前部遇水，而牵引后部行进。

在《新华字典》中，"领导"一词是由同义为"带、引"的"领"和"导"并列合成，就是指引和带领的意思。

因为有带领和权力的意思，所以相对来说中国文化中的领导是与权力密切相关的。如果要讲领导力，那么也是讲权力的领导力，是涉及少数人的范畴。这点与西方截然不同，西方的领导力概念，是具有普及意义的"非权力领导力"，是影响力，是魅力。

二、领导力六个维度的修炼

所谓领导力其实就是领导者怎样做人的艺术，而不是怎样做事的艺术，最终决定领导者能力的是个人的品质、个性和团队影响力。由此，领导力有六个维度需要修炼。

第一个维度是学会授权

授权即对被授权者的信任，让其获得组织的信任感，同时是对被授权者的考验，因为一旦发现被授权者行为不符合组织标准，即可收回授权。再者，授权可以让领导者脱离日常繁杂的事务，有时间去思考组织的战略和发展。授权也是组织管理人员梯度建设的一种有效途径，即通过授权可以发现和锻炼优秀管理人员。

第二个维度是学会增值

用时尚的话说就是"与时俱进"，也就是说领导者要能走出"固化的自己"，不但要让自己更有价值，也要尽力让团队每个人实现自己的价值。

因此，增值思维的价值就在于："思路决定出路，观念决定贫富,眼光决定未来。"

第三个维度是学会导航

所谓"先知先觉,经营者;后知后觉,跟随者;不知不觉,消费者",这是商界的经典论述。

领导者之所以能成为领导者,和普通员工的差距就在于领导者知道什么是对的做法,什么是错的方式,也就是"睿智的洞察力+实际经验",因此,杰出的领导者一定要具备"导航"即引领方向的能力。

第四个维度是镜像

《论语·子路》曰:"其身正,不令而行;其身不正,虽令不从。""镜像法则"指优秀的领导者往往是员工的好榜样。在企业中,员工在观察并模仿领导者的行为,这就是优秀的领导者最常用的做法——通过亲身示范来领导。

第五个维度是威信

领导者的威信来自哪里?《资治通鉴》里说:"才德全尽谓之圣人,才德兼亡谓之愚人;德胜才谓之君子,才胜德谓之小人",因此领导者的威信来自领导者的德。

德是什么?《论语·里仁》曰:"君子怀德,小人怀土;君子怀刑,小人怀惠。"可以理解为"德"主要是指"利人、利他、利天下",《大学》在开篇就说"大学之道在明明德"。如此一来,也就理解了《周易》里面的那句千古名句"君子以厚德载物"。

第六个维度是进行激励

激励是一种新型的领导力体现,而且激励的模式也逐渐多样化,如薪酬激励、愿景激励、平台激励、股权激励等。

领导者的主要职责就是管理。那么管理是什么?管理是"管"+"理",管是指管人,理是指理事。任何人都有缺点和优点,领导者往往容易更多地关注组织成员的缺点,如果先"管"再"理",就会造成管理难度的增加,因为人是存在能动性和主观意识性的;如果先"理"再"管",先建立以事为中心的理念,则对人的缺陷的关注度就会减少。

要做到先"理"再"管",就需要领导者学会激励。组织团队成员感受到领导在激励,也就满足了人的"被肯定"的心理需求,就会被激发出更大的能动性和积极性。

三、打造卓越领导力的三角模式(见图1-1)

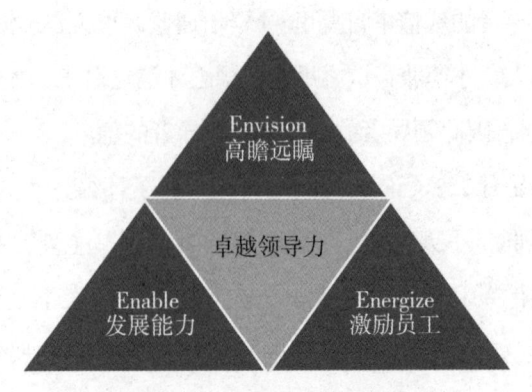

图1-1 卓越领导力的三角模式

1. 高瞻远瞩能力的打造

（1）亲身参与战略目标的制订

前面讲到，战略就是要解决"未来我要成为什么"的问题，因此必须要解决"愿景、使命、价值观"的问题。领导者要根据组织现状，亲身参与企业战略的制订。

（2）不要给自己设限

"自我设限"就是在自己的心里默认了一个"高度"，"心理高度"设限是人无法取得成功的重要原因之一，这个"心理高度"常常暗示自己：这么多困难，我不可能做到，也无法做到；现在条件还不成熟，成功机会等于零，等等再说。而作为组织的领导者，一定要有梦想，不能给自己设限。

（3）承担解决最困难和高层次问题的责任

有一次，某大学总裁班的一位学员对我说，他把自己比喻为"单位修理工"。我觉得这个比喻很贴切，领导者的主要职责是管理，是解决组织存在或组织发展中的问题，这是管理中非常关键的内容，也可以说解决问题能力的高低在一定程度上反映了管理能力的高低。而且，组织在发展中遇到的问题，本身就是组织发展的机遇，解决不了，则组织发展有可能就此停滞或消亡；解决了，组织的发展又上了一个新台阶。同时对组织领导者而言，既能够提升解决问题的能力，也能让自身得到持续成长。

（4）取人之长、补己之短

《孟子·滕文公上》:"今滕,绝长补短,将五十里也,犹可以为善国。"

成功的人向别人学习,失败的人只跟自己学习。聪明人的智慧并不全部来源于自己的经历,其中80%是从他人身上学到的。有智慧的人就是那些向每个人学习的人。

（5）以身作则遵守"游戏规则"

我有个当集团财务总监的同学,某次一起吃饭的时候向我抱怨员工执行力太差,做事情都是拖拖拉拉,说了一大堆指责员工的话。听她的"吐槽",我立马就判断问题出在她自己这里。之后给她分析了一下,果然不出所料。她每次布置各子公司财务经理填制相关财务报表时,要求完成的时间都很短。本来这不是问题,但是当各子公司财务经理报上来以后,她又会增加一些内容,并要求返工补充各类数据,这就严重挫伤了各子公司财务经理工作的积极性。所以,后来大家都学聪明了,每个人都到期限最后一刻才上报,大家商议一致的意见是"等领导确定不做修改要求了,再上报"。

每个领导者都有独特的个人标签,而且领导者的个性会影响组织运作的效率和发展,他所领导的组织成员就如同他的"影子"。

2.发展能力的打造

（1）善于打造团队和发挥团队成员优势

我们都知道一个道理，即"成员关系决定团队的整体效能"。这时会出现以下几种情况。

发挥优势，取长补短：1+1＞2；

相安无事，彬彬有礼：1+1＝2；

貌合神离，问题成堆：0＜1+1＜2；

双方斗气，"躺平"不干：1+1＝0；

矛盾激化，互相"拆台"：1+1＜0

卓越的团队建设，必然遵循"1+1＞2"的互补定律，即在人才的结构中，人才因素之间最好形成相互补充的关系，包括知识互补、性格互补、才能互补、年龄互补和综合互补。团队领导者的作用，就是使人才各得其位，各展其能，从而实现人才群体效能最优化。

（2）不断发展组织的创新能力

有则故事说，鲁班接受了一项建筑任务，需要很多木料，他和徒弟们只好上山用斧头砍树，但是效率非常低，鲁班很苦恼。一次上山的时候，由于他不小心，无意中抓了一把山上长的野草，却一下子将手划破了。鲁班很奇怪，一根小草为什么这样锋利？于是他摘下了一片叶子来细心观察，发现叶子两边长着许多小细齿，这些小细齿非常锋利，用手轻轻一摸，手就是被这些小细齿划破的。后来，鲁班又看到一只蝗虫在一株草上啃叶子,上下大颚非常锋利,一开一合,很快就吃下一大片。这同样引起了鲁班的好奇心,他抓住一只蝗虫,仔细观察蝗虫大颚的结构,发现蝗虫的大颚上同样排列着许多小细齿,蝗虫正是靠这些小细齿来咬断草叶的。这两件事给了鲁班启发,他请铁匠帮助制作带有小锯齿的铁片,伐木的效率果然提高了很多。

组织创新需要领导者有危机感,并在这种危机感中用无畏的勇气和魄力打破常规和条框,承担使命与责任。

(3)重视并充分发挥个人在组织中的作用

"康泰之树,出自茂林,树出茂林,风必折之。"这形象地说明了组织之间的竞争不是"个人赛",而是"团体赛"。但是在一个组织里,大家由于心态、观念、能力的不一致,需要领导者进行协调,这也是领导者的作用之一。

高效团队有个普遍性的特点,就是团队成员之间的"互补性技能"。做领导者必须明白的一件事:世界上是没有全才的,领导者需要清楚谁是"不会做",谁是"不愿做",谁是"不敢做",从而发挥团队成员各自的专长,完成组织目标。

(4)学会奖励

有个故事说,一个年轻人养了一条狗,某天他发现狗在屋里撒尿,于是将狗痛打一顿,然后从窗子扔了出去。

第二天，年轻人再次发现狗在屋里撒尿，不同的是在尿完以后狗自觉地从窗户跳了出去，惩罚并没有让狗不在屋里撒尿。后来，年轻人改变了方法，每当看到狗在屋外撒尿就奖励狗粮，后来狗就不再在屋内撒尿了。这个故事里有组织行为学的原理，即奖励比惩罚更有效。以故事里的年轻人为例，他的目的是让狗不在屋里撒尿，选择的手段是奖励。正如《第五项修炼》里所说："奖励与期望的行为直接挂钩，因而形成一个正向激励——反馈环，从而强化了期望的行为。"

由此，我们也懂得了奖励是利用人们对于成就感的追求来激发工作积极性的方法。勒波夫博士在《怎样激励员工》一书中指出："世界上最伟大的原则是奖励，受到奖励，会把事做得更好，在有利可图的情况下，每个人都会干得更漂亮。"他还列出了奖励的十种行为方式：一是奖励彻底解决问题，而不是仅仅采取应急措施；二是奖励冒险，而不是躲避风险；三是奖励使用可行的创新，而不是盲目跟从；四是奖励果断的行动，而不是无用的分析；五是奖励出色的工作而不是忙忙碌碌的行为；六是奖励简单化，反对不必要的复杂化；七是奖励默默无声的有效行动，反对哗众取宠；八是奖励高质量的工作，而不是草率行动；九是奖励忠诚，反对背叛；十是奖励合作，反对内讧。

（5）打造组织能力复制的模式，并进行复制

组织能力是反映效率和效果的能力，体现在从产品开发到营销再到生产的任何活动中，因此组织能力可以成为竞争优势，这是原生于组织内部的特质，任何一个组织的组织能力都必须自己发现、自己发展，无法复制，而且必须靠时间来积累，不能一蹴而就。所以，通俗来讲可以把组织能力概括为"就是把一群平凡的人聚集在一起做成一件非凡的事的能力"。

如何来判断一个企业的组织能力强不强？一般有两个标准：一是领导者是否"可脱身"或"可替换"；二是领导者是否依赖于特定的"能人"。

因此，组织能力是判断一个组织真正能够持续又不能被模仿的竞争优势。那么组织能力怎么创造出来？要解决以下问题。

首先要解决组织成员思想及心理上的问题。人的行为都有动机，无论是有意识的动机还是无意识的动机，都源于其生理或心理需求，也就是当下他认为自己最需要或认为最重要的是什么。组织领导者必须了解自己组织成员的这种心理，并予以满足，从而形成组织成员完成组织设定目标的一种心理驱动力。

其次要了解组织成员有什么样的能力。常言道："没有金刚钻，别揽瓷器活。"换句话说就是"干瓷器活的，

得有金刚钻。"对组织成员而言就是让他去干他能干的、擅长干的，这样才能发挥他的优势和长处。

3. 激励员工能力的打造

（1）设立突破性的、有挑战性的目标

《新约·马太福音》中有一则寓言。从前，一个国王要出门远行，临行前，交给3个仆人每人1锭银子，吩咐道："你们去做生意，等我回来时，再来见我。"国王回来时，第一个仆人说："主人，你交给我的1锭银子，我已赚了10锭。"于是，国王奖励他10座城邑。第二个仆人说："主人，你给我的1锭银子，我已赚了5锭。"于是，国王奖励他5座城邑。第三个仆人说："主人，你给我的1锭银子，我一直包在手帕里，怕丢失，一直没有拿出来。"于是，国王命令将第三个仆人的1锭银子赏给第一个仆人，说："凡是少的，就连他所有的，也要夺过来。凡是多的，还要给他，叫他多多益善。"这就是著名的马太效应。

马太效应可以归纳为"任何个体、群体或地区，一旦在某一个方面（如金钱、名誉、地位等）获得成功和进步，就会产生一种积累优势，就会有更多的机会取得更大的成功和进步"。所以说，马太效应对于领先者来说就是一种优势的累积。

每个人都有自己的"舒适区"，通俗一点说，也就是每个人潜意识都不喜欢挑战过高的工作目标，因此，人们往往感觉在自己的"舒适区"工作或学习会比较顺利。

因此，高明的领导者需要给组织和组织成员设定一个目标，目的是激发他们取得非同凡响的成果，即"拉开愿望与现状之间的距离"。当组织成员完成了50%以上的目标，并获得了领导者的认可和鼓励，就能激发组织成员极大的"认同感"。《论语》有云："欲得其中，必求其上；欲得其上，必求上上。"

什么样的目标才是最合适的？可以从以下三点来考虑。

第一，明确突破舒适区的目标。Google（谷歌）在制订目标的时候，特别强调目标"必须让自己和员工难过，不舒服"。东方希望集团前董事长刘永行有一段话说的也是这个意思：管理上必须要施加压力，施加压力就是要有点儿苦味，就要有点儿痛苦的感觉，就要有点儿力不从心的感觉，就要有点儿紧张不适应的感觉。如果管理都让人轻轻松松，舒舒服服，轻而易举，这样的管理肯定不够。阿里绩效管理的目的是"人的成长和发展"。人在舒适区内是绝对不会成长和发展，要想发展必须突破舒适区。因此，不舒服就对了，不舒服说明你已经走在成长的路上。

第二，要熟悉员工的工作。文章《海底捞张勇谈管理：人性化管理机制至关重要》中说"KPI并非越细越好",当有了管理和被管理,有了KPI之后,人的行为会失常。在KPI这件事上,张勇说:我们是走过弯路的,比如我们曾经尝试把KPI细化。有人说:你们火锅店服务真好,我有个眼镜,他就给我个眼镜布;我杯子里的水还没喝完,他就又给我加满了。所以我们就写了一条:杯子里的水不能低于多少,客人戴眼镜一定要给眼镜布,否则扣0.05分。张勇说,这下完蛋了,每来一个人都送眼镜布;客户说豆浆我不喝了、不用加了。不行!必须给你加上。最好笑的是手机套,有的客人说不用,服务员说我给你套上吧,客人说真不用,结果他趁客人不注意的时候,把手机抓过去给客人套上。这是干什么呢?因为不这么干要扣分!所以领导者要熟悉员工的工作,而不是放任员工对既定制度的机械重复。

第三,学会算账,而且要"精算"。褚时健小时候跟妈妈酿酒,那时候就开始算账,读中学时也是靠酿酒赚钱,成本概念、利润概念早就很深刻了。

(2)具有强烈的主人翁意识

"人为本,本固则叶茂",组织成员的主人翁意识是执行力的关键,是发挥主观能动性的前提。因此,作为组织的领导者要把组织成员做事的意识,由"要我去做"转变为"我要去做"。

当然在"主人翁"的管理中,往往也会存在"过度管理"的问题，造成矫枉过正的现象。

第一是造成信任危机。如果领导者给组织成员带来的感觉是"领导对我的工作是极不信任的，他不相信我能够做好这项工作"。而且行为结果的责任由领导承担，就会造成组织成员不敢干也不积极主动去干的后果。

第二是造成紧张氛围。因为领导插手组织成员的具体事务，组织成员会想：领导对我的工作满意吗？领导是不是不重视我了？让员工揣摩领导的心理，迎合领导的喜好工作，员工的精神压力往往过大，容易没有激情，只是机械地做事。

第三是造成沟通无效。因为组织领导过于强势，造成组织成员不敢与之沟通，致使企业内部的信息沟通不畅；也有可能使员工对上级报喜不报忧，只说领导喜欢听的话，阻碍了有效信息的交流。

第四是造成管理者推卸责任。因为领导者对任何事情都要过问和管理，而且对结果期望值很高，如果员工执行时产生错误，就让员工的工资降低或没有奖金，甚至是被辞退。因此员工容易推卸责任。

（3）建立在信任基础上的交流

为什么开放坦诚的交流那么困难？主要原因就是人与人之间缺乏信任。春秋战国时，秦国的商鞅在秦孝公的支持下主持变法。当时处于战争频繁、人心惶惶之际，为了树立威信，推进改革，商鞅下令在都城南门外立一根三丈长的木头，并当众许下诺言：谁能把这根木头搬到北门，赏金10两。围观的人不相信如此轻而易举的事能得到如此高的赏赐，结果没人肯出手一试。于是，商鞅将赏金提高到50两。重赏之下必有勇夫，终于有人将木头扛到了北门。商鞅立即兑现了承诺。商鞅这一举动，在百姓心中树立起了威信，而商鞅接下来的变法很快就在秦国推广开了。

（4）创造相互信任的氛围

成语"一诺千斤"的由来，是说秦末有个叫季布的人，一向说话算数，信誉非常高，许多人都同他建立起了深厚的友情，就有了"得黄金百斤，不如得季布一诺"的谚语。

作为组织领导者，不要把组织成员当"玩笑"。周幽王有个宠妃叫褒姒，从来不喜欢笑，为博取她的一笑，周幽王下令在都城附近20多座烽火台上点起烽火（烽火是边关报警的信号，只有在外敌入侵，召诸侯来救援的时候才能点燃）。结果诸侯们见到烽火，率领兵将匆匆赶到，弄明白这是君王为博美人一笑的花招后愤然离去。褒姒看到平日威仪赫赫的诸侯们不知所措的样子，终于开心地笑了。周幽王十一年，犬戎大举攻周，幽王再燃烽火而诸侯未到——谁也不愿再上当了。结果幽王被逼自刎，褒姒也被俘虏。

上述典故充分说明了一个事实，作为领导者必须要懂的是"任何组织行为或组织管理都是有成本的"。这主要包括以下四个方面的内容：第一是"决策成本"，主要是领导者在决策时花费的成本；第二是"控制成本"，主要是为了控制风险或预防风险，进行相关环节节点的控制，并为之配备人员和岗位，以及相关的信息系统等花费的成本；第三是"责任成本"，主要是为了有效评价各相关人员的绩效并进行奖惩所花费的成本；第四是"灭失成本"，如果项目决策失误时，后续为了减少失误损失而消耗的各项成本。

（5）显示出真正的热情

我们都知道，热情的人一般性格开朗，容易交往，能够让人不觉拘束，愿意与其交谈。热情开朗的人，容易被人接纳，可以建立良好的人际关系。同样的道理，热情开朗的领导者，在组织中更能营造融洽的人际氛围，组织成员更容易得到快乐。热情开朗的领导，一是能帮助组织成员最大限度施展自己的才华；二是他们具有感染力，能激发组织成员工作的激情；三是他们能给组织成员带来幸福感，减少负面情绪的影响；四是他们能给组织成员带来创造力，使组织成员长期保持对事业的热爱。

第六节　建设高绩效的团队

俗话说："一根筷子易折，十根筷子难断。"个人与团队就像小河和大海的关系，小河只能激起小小的水花，甚至干涸，只有容纳百川的大海才可以激起千层浪。

"人之初，性本善"，也有人说"人之初，性本恶"，看似谁也说服不了谁。但是无论哪种理论，都认同人性是自私的。作为组织的领导者要把这么多"自私"的人组成一个团队，去完成一个共同的目标，这不是一件容易的事。在多数时候领导者的目标和任务是明确的，而组织成员大多数则没有那么强的目标感和使命感，往往只关心自身的利益得失，并以此为标准行事。那么领导者靠什么来凝聚团队成员？除了满足成员的利益需求，那就是满足成员的心理需求。

中国有句老话"攻心为上"，领导者满足了组织成员的心理需求后，得到的回报是"士为知己者死"的情怀，一种"知遇之恩"的感情，从而达到"合众人之私，以成一人之公"的境界。

一、人的先天和后天心理需求

（一）人的先天心理需求

1.被了解、被认同的心理需求

为什么人们喜欢在社交网络中"晒"生活、发自拍、互相评论、求"点赞"？2013年，柏林大学的心理学学者们进行了一项探索人脑内伏隔核与脸书（Facebook）使用习惯的联系的研究，其中一项研究结果证实，人们在使用脸书过程中获得的社会认同会对脑基底核中的伏隔核产生作用，获得暂时的、无以名状的快感。

心理学家解释这种难以名状的快感，还是太专业了。用我们非专业人士的话，该怎么作出解释呢？

第一层次的解释："需要寻求他人认可来抵消自我怀疑"。自我怀疑在每个人的内心世界中都是存在的，只是多寡不一。一旦有负面感受或经历，就容易产生自我怀疑。

第二层次的解释："需要用他人认同来产生自我认同"。"人是社会的人，社会是人的社会"，人是一种社会性动物，因此被认同的需求是与生俱来的。比如，许多小孩子最怕被小伙伴们孤立、没人理，这比挨打还难受。因此，人的社会属性决定了我们永远无法摆脱周围人对自己的影响。

每个身在组织中的成员，如果感觉自己不被组织或群体认同，心理上会认为自己是一个多余的人。所以认同本质上是一种个人存在的价值确认需求，是一种在人群中通过他人的反应对自己存在的确认。人从出生到死亡，其实都是在不断地认知自己的过程中，所以就需要通过他人的赞赏、鼓励、接纳、评价等来认识自己，并以此消除孤独。

2.被尊重的心理需求

什么是尊重？简单理解就是对方重视你的底线和原则。在社会中，人人都想得到他人的尊重，每个人都渴望成为受人尊重的人。尊重有四层意思，第一层意思是"理解别人"；第二层意思是"真诚关心他人"；第三层意思是"认为他人有价值"；第四层意思是"懂得赞美"。

有一则故事，说有一个人没有零钱坐公交车，看到旁边有一个报摊，于是拿了一张报纸，扔给卖报老人一张百元大钞，说："赶紧找钱！"卖报老人非常生气："我可没工夫给你找钱。"说罢，就夺回了那人拿在手里的报纸。那人很生气，可也没有办法。这时，第二名乘客也遇到了类似的情况，他笑眯眯地走到报摊前，对老人恭敬地说："大爷，我碰到了一个难题，您能不能帮我一下？我现在只有一张百元钞票，可以买一张报纸吗？"老人笑了，他温和地说："我今天刚开张，零钱真不多。不过冲你这态度，还是卖给你吧！"说着，就把一份报纸塞进他的手里。

3.被需要的心理需求

"被需要"是证明自身"存在感"的一种方式。

如何做到心理学上的"被需要",其实是很简单的四个字——"我想你了"。试想,你收到这个信息后,会不会很开心?有些人还会热泪盈眶。为什么?因为被人想念、被人记起是一种幸福。当你听到这句话——"可以帮我吗?"我相信大部分人第一反应会是"他需要我的帮助",或者是"没想到我也能帮他",受邀请的人尽管付出了时间和金钱等,其实是很开心的。

(二)人的后天心理需求

1.重要性的心理需求

德鲁克说,组织需要"关切人的尊严和发展",也就是要使员工在内心建立对组织的拥有感,其包含三个要素:掌控、知情和投入。"掌控"指组织成员对自己的工作有自由发挥的空间(而不是处于完全被命令和控制中),"知情"指组织保持信息的透明和分享(而非严控),"投入"指组织成员能够有机会为组织作出重大的贡献(而非被固定在例行性的事务上)。总之归于一点,就是让组织成员感觉自己在团队中有价值和作用,具有重要性、不可替代性。

2.连接与爱的心理需求

著名教育专家陈默老师作了一个比喻,说父母陪着孩子做作业，如果父母是大老虎，孩子是小白兔，一只老虎监督一只小白兔，小白兔肯定是害怕做作业的，而当父母是一只小灰兔，陪着另一只小白兔做作业，那么小白兔就会觉得被支持着，很开心地把作业做好。同样是陪着做作业，效果大不一样。因此，"连接与爱"的心理需求是说团队成员需要组织中有人关注着自己，有人可以为自己提供支持。

从社会学角度来看，"连接与爱"也是社会需求，"连接"是相互的，即别人连接你和你连接别人。

威廉·詹姆斯在《心理学原理》中写道，如果可行，对一个人最残忍的惩罚莫过如此：给他自由，让他在社会上逍遥，却又视之如无物，完全不给他丝毫的关注。当他出现时，其他的人甚至都不愿稍稍侧身示意；当他讲话时，无人回应，也无人在意他的任何举止。如果我们周围每个人见到我们时都视若无睹，根本就忽略我们的存在，要不了多久，我们心里就会充满愤怒，我们就能感觉到一种强烈而又莫名的绝望，相对于这种折磨，残酷的体罚将变成一种解脱。

为什么被人漠视让人觉得是很残忍的事情，甚至比残酷的体罚还要严重？因为漠视就是很武力地切断了社会对个人的关注。我们大家都有这种心理感知：如果我们进入一个陌生的场所，里面的人们甚至不屑于看我们一眼，或者当我们告知来意或自己的职业时,他们马上表现出不耐烦,我们很可能会对自己产生怀疑,觉得自己一无是处,情绪也变得很差。

3.成长的心理需求

《道德经·第七十六章》曰:"人之生也柔弱,其死也坚强;草木之生也柔脆,其死也枯槁。故坚强者死之徒,柔弱者生之徒。是以兵强则灭,木强则折。强大处下,柔弱处上。"

笔者认为老子这段话大概的意思是,真正强大的一方,应该放低姿态,这才合于道。在组织中,相对于组织成员,领导者更强大,因此领导者要放低姿态,尊重组织成员,重视其成长。我在某大学总裁班讲课的时候,经常给学员讲,作为团队的领导者,要经常询问你的员工四个问题,第一个问题:"现在的工作你喜欢吗?"第二个问题:"现在的工作你发挥了多少能力?"第三个问题:"需要我做什么才能帮到你?"第四个问题:"你对我或者团队有什么建议?"如果能圆满解决上述四个问题,团队就容易获得成功。

诸葛亮,一直是智慧与计谋的代名词。周瑜认为,诸葛亮计谋很高,精于算计,自己比不上他。那为什么蜀国却最先灭亡?关键还是团队建设和人才培养出现了问题。刘备在世时,蜀国有五虎上将。刘备死后,姜维北伐时，蜀国能征善战的大将都已亡故，无人可用，只得让廖化做先锋，造就了"蜀中无大将，廖化作先锋"的局面。蜀国灭亡正应了"君闲臣忙国必兴，君忙臣闲国必衰"这句话。

4.贡献的心理需求

德鲁克说，对贡献的承诺，就是对有效性的承诺。没有这项承诺，管理者就等于没有尽到自己的责任，这必将有损其职责，也必将伤害与其共事的同事。所谓贡献，主要表现在三方面，第一是直接成果；第二是树立符合组织的价值观以及为这些价值观的努力；第三是发现和培养接班人。当然，对组织有贡献的成员，说明在组织中其是有价值的，是应该得到尊重的。

二、团队成员激励的三层次需求

美国哈佛大学的麦克利兰教授也提出了著名的"成就动机理论"，即"成就需求、权力需求和归属（亲和）需求"。

1.成就需求的激励

研究证明，成就感需求高的人一般都具有关心事业成败、愿意承担责任、有明确奋斗目标、喜欢创造性工作、不怕辛苦等特点。

为什么需要组织的领导者去帮助组织成员树立成就感

需求呢？因为人们的许多需求都不是生理性的，也就是说不是先天的，而是后天的。麦克利兰教授有一个著名的冰山模型，他把人的素质描绘成一座冰山，这座冰山分为水面之上和水面之下两个部分。水面上的部分是表象特征，指的是人的知识和技能，通常容易被感知和测量。水面下的部分是潜在特征，主要指社会角色、自我概念、潜在特质、动机等，这部分特征不容易被挖掘与感知。

美国心理学家马斯洛的需求层次理论，把人的需求分为五个层次，即生理需求、安全需求、社交需求、尊重需求和自我实现需求，其中生理需求和安全需求都是出于人的本能，是一个人要活下去的最基本要求，而后面三个层次的需求，其实都是对成就感的追求。可以这么说，一个人活着的目的和意义其实也是在追求一种成就感，就像稻盛和夫认为："人活着的意义和人生的价值，就在于提升心性，磨炼灵魂"从本质上，这句话也是一种成就感。

德鲁克在《管理的实践》讲了"三个石匠的故事"。有人问三个石匠在做什么。第一个石匠说："我在谋生。"第二个石匠一边打石子一边说："我在做全国最好的琢石工作。"第三个石匠眼中带着憧憬的光辉仰望天空说："我在造一座神圣的大教堂。"同样做的是石匠活，第三个石匠显然会更有成就感，他的工作也会更有动力。

2.权力需求的激励

权力需求是一种要控制他人、承担责任、影响他人而又不受他人影响的需要,是一种想去影响他人的潜意识驱动。因此,权力需求是较高层次的需求形式,同时也是一种特别重要的心理需要。麦克利兰教授认为"权力需求是影响或控制他人且不受他人控制的需要",也就是我们通常所说的"我的地盘,我做主"。

谁拥有了权力就可以"决定怎么干,或者决定不怎么干"。拥有了权力,就拥有了资源占有权和资源支配权。因此,拥有了权力,也就满足了人的占有欲望,满足了人的尊严的心理需要,更满足了自我实现价值的心理需求。反过来说,一个人从产生占有欲的那一天开始,就已经有了追求权力的动机。

权力的最高境界是以一种无我之心造福他人,是以一种成就自身内在的修为来影响他人。如《道德经·第八章》:"上善若水,水善利万物而不争,处众人所恶,故几于道。居善地,心善渊,与善仁,言善信,正善治,事善能,动善时。夫唯不争,故无尤。"

3.归属(亲和)需求的激励

千百年来,人们所追求的"情",就是一种归属感。

从心理学上解释,归属需求是指组织成员希望被接纳成为群体一部分的情感需求,也是自我身份认同的重要支柱。但是，归属并不等同于从属，归属需求是自我价值的肯定，而从属是对群体的从属、服从和同化。

归属需求的第一层次是"安全感"，就是那种安心和踏实的感觉，不需要伪装、保持真实自己的感觉。

归属需求的第二层次是"一定的相似性"，就是组织成员之间有着共同的爱好、价值观或是理想，简单而言就是"志同道合"。

归属需求的第三层次是"认可及被认可"，就是做组织认可或倡导的事情，反过来，组织成员所做的事情被组织所认可。

归属需求的第四层次是"能够参与"，就是组织成员在团队中有一定程度的积极性、参与感，认为自己是组织中的重要一员。

归属需求的第五层次是"情感上的连接"，就是与团队建立更深的、情感上的连接，简而言之就是个人与组织建立"一荣俱荣，一损俱损"的关系。

美国密歇根大学的一项研究显示，当个人感到不被团队或群体接纳时，就会非常焦虑，导致因缺乏归属感而增加患抑郁症的风险。阿尔弗雷德·阿德勒的个体心理学也认为人类最具根源性的需求是归属感，即可在团体中取得合适的地位，不要"泯然于众"。

三、团队成员的双因素理论需求

"双因素理论"亦称"激励——保健理论",是美国心理学家赫茨伯格1959年提出的,该理论把组织成员个体需求因素分为两种,即满意因素(指可以使人得到满足和激励的因素,也就是激励因素)和不满意因素(指容易产生意见和消极行为的因素,也就是保健因素),这两种因素是影响员工绩效的主要因素。

赫茨伯格"双因素理论"认为,保健因素的内容包括公司的政策与管理、监督、工资、同事关系和工作条件等,这些因素都是工作以外的因素,如果满足这些因素,能消除不满情绪,维持原有的工作效率,但不能激励员工更积极的行为;激励因素与工作本身或工作内容有关,包括成就、赞赏、工作本身的意义及挑战性、责任感、晋升、发展等。这些因素如果得到满足,可以对员工产生很大的激励作用,若得不到满足,也不会像保健因素那样让员工产生不满情绪。

怎么来理解"双因素理论"呢?我们来分析一个案例。小李毕业于某大学本科会计学专业,在经过很多轮面试后进入某大型集团担任会计助理,月薪为4600元。进入集团一年多时间里,小李工作兢兢业业,财务经理对小李的工作很满意。

但是最近一个月，小李积极性下降，想跳槽不干了。原因是财务部新进了一名大学生，没有任何实践工作经验，单位给的月薪却是5000元。小李很愤怒，因为薪酬中的"激励因素"被颠覆了。

再讲个案例，一名30岁出头的留学生从国外回来，说要开始创业，给我宣讲她设计的商业模式，说现在职场白领在"吃"的方面很辛苦，"早上没时间吃（因为睡懒觉），中午不想吃（因为外卖或者食堂太难吃），晚上不敢吃（因为要控制体重和体形）"，所以她想经营一家"白领餐厅"，就是给白领配送"营养、卫生、美味"的餐饮，想法确实不错，但是需要人。于是想到找我帮助招聘一名人力资源经理。我问她，给这个人力资源经理开多少薪酬？她问我可以开多少？我说："杭州的HRM，一般的薪酬区间在15万~25万元。"她瞪大了眼睛说："刚创业，给不起呀！15万元也给不起呀！"

人才也是讲究价值的。我和她说："你这样只能聘用专员级别的了。"她看了看我说："余老师，你能不能再帮我找找，薪酬我可以给他5000~6000元/月，另外我免费送他10%的股份，原价值是20万元，等他能在我这里稳定3年，这10%的股权无论价值多少都归他所有，可以签订协议。"

我和她说："你这样，招不到人的！"她说："老师，我这样不就是现在流行的事业合伙人吗？怎么不行？"我说："5000元/月，五险一金一扣，拿到手的相当于3000元/月，在杭州怎么生存？你这个10%的股权，3年后再兑现，万一你明年创业失败了怎么办？"她给的薪酬方案，就是没有真正领会"保健因素和激励因素"的作用。对员工必须先满足"保健因素"，否则，"激励因素"就只是空头支票而已。

还有一次，我在某大学总裁班问学员一个问题："你单位从某大学招聘了一名博士后，为了鼓励他的稳定性和积极性，你告诉他如果能稳定工作3年，给他额外奖励50万元，请问这50万元你怎么发？"

有学员说："50万元除以36个月，按月发就可以了。"其实，这种模式是最不可取的，因为50万元本来是"激励因素"，按月发就成了"保健因素"，起不到激励作用，按月发就表明他入职以后做多做少、努力与否都能得到这笔钱。

有学员说："为了鼓励他，我认为第一年发25万元，第二年发15万元，第三年发10万元。"这种模式也是不可取的。因为这种"递减式"的激励会出问题。当他第二年比第一年干得更出色，而拿到的激励反而少了时，心里会产生落差，"期望值"产生了负数，稳定性就出问题了。

有学员说："我认为第一年发10万元，第二年发15万元,第三年发25万元。"这种模式才比较可取,为什么?因为这种"递增式"的激励才是正向激励,"期望值"是正数。

就像我们去街上买一斤瓜子,如果你碰到的是一名"聪明"的卖瓜子小贩,可以观察一下他是怎么做的。他会先貌似很用力地把秤盘往瓜子堆里"狠狠"地舀出一堆瓜子(其实就八两),用秤一称,结果不到一斤,再多次少量地往秤盘添加瓜子,称足一斤,你会心满意足地付钱走人。如果你碰到的是一名"不怎么聪明"的卖瓜子小贩,可以观察一下他是怎么做的。他先很用力地把秤盘往瓜子堆里"随意"地舀出一堆瓜子,用秤一称,结果超过一斤,然后分多次少量地从秤盘里拿走瓜子,称足一斤,然而你可能对此不大满意,感觉他份量没给够似的。

其实都是一斤瓜子,但是两种情景给我们的心理感受差距是很大的,"期望值"很不相同。因为当卖瓜子小贩往秤盘里添加瓜子,给你的心理感受是瓜子总量不断在增加;当卖瓜子小贩从秤盘里拿走瓜子,给你的心理感受是瓜子总量不断在减少。

第二篇

新生代员工的管理与领导

第一节　管理者对新生代员工认知的差距

一、相关数据调查

（一）对主管（管理者）的"信任度"调查数据

有一次我在一家企业做"中层领导力"培训课程时，对参加培训的86名中层管理人员就以下两个问题进行了调查。

第一个问题："你认为在员工目前最信任的3人当中，你是否名列其中？"

第二个问题："在员工目前的生活中，哪3个人会影响他的生活质量或幸福感？你是否名列其中？"

拿到的数据答案如下。

第一个问题，有65%的主管（管理者）认为"在员工目前最信任的3个人里，我是名列其中的。"

第二个问题，有80%的主管（管理者）认为"在员工目前的生活中，会影响他的生活质量或幸福感的3个人里，我是名列其中的。"

（二）对新生代员工的"信任度"调查数据

在差不多同一个时期，我曾随机抽取了260名在企业基层工作的新生代员工，就以下两个问题做了调查。

第一个问题:"在你目前的生活中,你最信任的3个人之中,你的直接领导是否名列其中?"

第二个问题:"在你目前的生活中,哪3个人会影响你的生活质量或幸福感,你的直接领导是否名列其中?"

拿到的数据答案如下。

第一个问题,不到15%的新生代员工认为,在自己目前的生活中,最信任的3个人之中没有直属领导。

第二个问题,有95%的新生代员工认为,在自己目前的生活中,会影响自己的生活质量或幸福感的3个人,直属领导名列其中。

(三)调查数据说明了什么

在上面的数据调查中,有个有意思的现象,在第一个问题上,新生代员工与直接领导(管理者)的结果数据比例相差很大;而在第二问题上,新生代员工与直接领导(管理者)的结果数据基本趋向一致。这个数据分析,至少说明了两点:第一点,直接领导(管理者)对自己的员工了解得比较少;第二点,新生代员工很现实,知道直接领导可以决定自己的薪酬等,愿意尊重自己的领导,只是有时候领导不懂自己。

二、新生代员工流失原因的分析

根据近百名HR提供的对离职新生代员工及其直接主

管（管理者）的访谈数据，整理分析了以下新生代员工离职的主要原因（见表2-1）：

表2-1 新生代员工离职主要原因分析

主要原因/不同群体的认知	新生代员工认为的比例	直接领导（管理者）认为的比例
对薪酬待遇不满意	24%	32%
对直接领导不满意	17%	3%
对工作氛围不满意	14%	8%
对人际关系不满意	8%	1%
工作强度太大	5%	30%

（1）上述统计数据，在"对薪酬待遇不满意"这项的数据分析上，新生代员工和直接领导（管理者）的结果相差无几，至少说明"钱不是万能的，没有钱是万万不能的。"新生代员工对薪酬虽然不是最看重的，但也认为非常重要，尽管薪酬不再是满足生活需要的基本要素，但是薪酬是身份和地位的象征，而且是组织对自己认可的体现。

（2）"对工作氛围不满意""对人际关系不满意"，说明新生代员工并不喜欢办公室政治，新生代员工讲求的是"公开、公平、公正"的职场规则。

（3）在"对直接领导不满意"和"工作强度太大"这两项数据分析上，新生代员工和直接领导（管理者）的趋向是完全相反的，我们来分析一下这两个方面的问题。

第一个问题："对直接领导不满意"。在访谈中，直接领导往往觉得员工离职和自己没有多大的关系，在这一点上，职场中很多直接领导（管理者）需要"清醒"一下，切记员工永远不相信"伟大的公司"之类的神话，他只认为"我的直接领导就是我的天"。因为他每天要面对自己的直接领导，而单位高管层面的领导，说不定一年也见不到一次。当然新生代员工对自己的直接领导不满意的原因有很多，比如公平性没有保证、为人处世方法有问题、沟通能力差、情商低、颜值低等原因，还有一个重要的原因就是在这个团队里面没有成就感和归属感，感觉自己在团队中得不到成长。

有一次，一名电商企业的老板问我："我这里一个业务部门的人员离职率很高，1年下来人员换了3批，怎么办？"我说："第一要务就是把这个业务部经理换掉。"他问："为什么？"我说："很简单，离职率那么高，说明员工对他都不满意，你不换他怎么解决问题？不然，你招多少人就走多少人。"

第二个问题："工作强度太大。"在访谈中，直接领导和新生代员工在这项的认知上产生了很大的偏差。离职时，直接领导认为肯定是员工觉得工作强度太大，为了逃避才离职。新生代员工认为，离职和工作强度没有关系，离职是因为这个工作自己不喜欢，如果是自己喜欢的工作根本不在乎强度。

三、企业需要什么类型的人？

多年前，当时社会上比较有名的田溯宁（网通CEO）和吴鹰（UT斯达康CEO），这两名企业家在做客《对话》栏目时，主持人列出了八种类型的人才，让这两名企业家选择其中三种。

- 勇敢，做事不计后果；
- 点子多，不听话；
- 踏实，没有创意；
- 有本事，过于谦虚；
- 听话却没有原则；
- 能力强但不懂合作；
- 机灵但不踏实；
- 有将才，也有野心。

结果，这两名企业家所选的三种人才中，有两种是相同的，即：

▲勇敢，做事不计后果；

▲有将才，也有野心。

尽管过去很多年了，但是这个观点在企业里确实是真理，并没有所谓的"过时"之说。

这两名企业家的选择，说明了一个道理，作为企业的管理者普遍看重有能力的员工，即能做出绩效的员工。

我们把员工按照能力（可以出绩效的部分）作纵轴和态度（想出绩效的部分）作横轴分成四个区域，如图2-1所示。

再根据二八原则（企业绩效也可按照二八原则分割），也就是企业80%的绩效是20%的员工创造出来的。那么上述四个区域就列示得很清楚了。

第一区域是"能力强，态度消极"的员工，通常称为"人才"。这部分员工，一般原则是"用"但不"重用"，很难被企业管理者提拔重用，还要注意监督跟踪机制，否则很容易产生负能量或意外损失。

第二区域是"能力强，态度积极"的员工，通常称为"人财"。这部分员工，是管理者超级喜欢的员工，是企业管理者必须要重用和提拔的员工。

第三区域是"态度消极，能力又差"的员工，通常称为"人裁"。对这部分员工，企业管理者应予以辞退，这部分员工容易产生"负数"的绩效。

第四区域是"态度积极，能力比较弱"的员工，通常称为"人材"。这部分员工，就是那些老实肯干，但是能

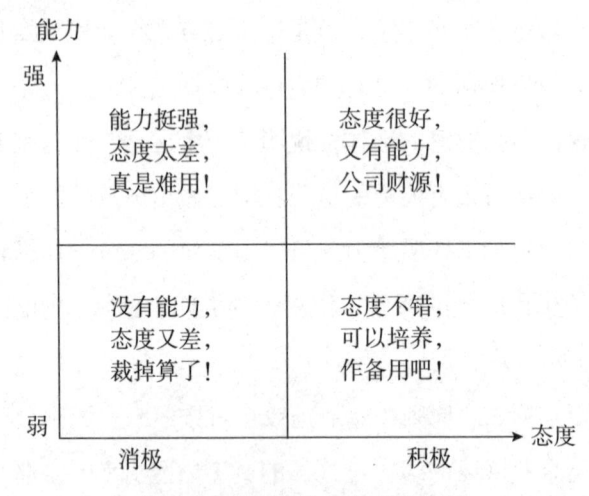

```
           能力
           ↑
         强 │
           │  能力挺强，      态度很好，
           │  态度太差，      又有能力，
           │  真是难用！      公司财源！
           │
           ├─────────────────────────
           │  没有能力，      态度不错，
           │  态度又差，      可以培养，
           │  裁掉算了！      作备用吧！
           │
         弱 │_____→ 态度
              消极           积极
```

图2-1　员工能力与态度的关系

力不是很强的员工。对待这部分员工，企业管理者不能让其吃亏，要安排他们力所能及的工作，尽可能地"用"。

任何一个企业的员工都可以按照上述四个区域分类，根据二八原则，"人财"占员工总数的20%，却创造了企业80%的绩效，"人才"+"人材"+"人裁"占员工总数的80%，创造企业20%的绩效。因此，企业管理者制订绩效规则，应该朝什么类型的员工倾斜是显而易见的。

员工个人的绩效处于什么层次，其企业的组织绩效就停留在什么层次。

第二节　新生代员工的需求与执行力

一、员工个体执行力三元驱动模型

员工个体执行力三元驱动模型如图2-2所示。

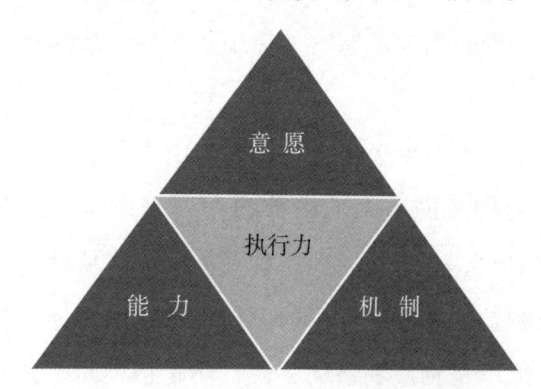

图2-2　员工个体执行力三元驱动模型

第一元是"意愿"。就是员工对这件事情或这个岗位的工作是否愿意干，是主动意愿还是被动意愿。很简单的道理，只有员工自己主动干，才能谈得上积极性。如果没有积极性，那么员工就是机械作业，为工作而工作。员工只关注作业结果而不关注作业过程，不能引起员工思考，更不能让员工主动发现问题和解决问题。久而久之，工作效率无法提升，员工也无法在重复劳动中提高能力，完全体会不到工作的成就感。当出现疲倦状态时，就产生了各种形式的"怠工"。

因此，必须积极引导员工思考是否存在阻碍自己工作效率提升的问题，管理者及时奖励员工解决问题的行动。这不仅提升了工作效率，更重要的是员工树立了信心，拥有积极向上的态度，并在解决问题的意识和能力方面获得提升，只有当员工能够在工作过程中感受到个人成长，即获得成就感时，员工积极性才能持续不断地保持。

企业不是由事来构成的，而是由不同思想、不同性格的人来构成的。人的精神动力，表现为人做事的欲望、积极性、意志力。而这种精神动力，从根本上说是在物质利益的基础上产生的，但也可以因精神的刺激而产生。无论是物质利益的驱使，还是精神的刺激，都会表现为对"积极性"的调动。

只有解决了员工的意愿问题，才能真正地发挥员工的能力，实现组织的绩效。员工由"要我干"变成"我要干"，意愿的改变会影响能力的变化。

第二元是"能力"。解决了员工的意愿问题，要充分提高员工的绩效水平，还要员工有能力去执行，就是我们俗语讲的"没有金刚钻，别揽瓷器活"。因为能力直接影响活动的效率，是工作顺利完成的重要内在因素。个人的绩效完成情况因能力不同而不同，绩效改进的前提包括：一是渴望学习并提高自身的能力，希望受到激励和挑战，得到组织的认可，从而实现自己的价值；二是员工自愿改变，在工作中进行自我调整以达到组织要求；三是自我领悟，当员工认识到自身的态度、言行、动机等不符合组织的规定或要求时，员工能够进行适当的调整。

第三元是"机制"。 因为每个员工的梦想、志向是不一样的，所以需要通过一个路径来实现共同的受益问题，这个路径就是机制。

机制，更多地体现为组织最高领导者的价值观。一般而言，机制是从属于制度的，即机制通过制度系统内部组成要素，按照一定方式相互作用实现其特定的功能，如竞争机制、市场机制、激励机制等。不同的机制会产生不同的结果，有效的机制，可以让组织内部活跃起来，促进组织良性循环和发展。

二、马斯洛需求层次金字塔（见图2-3）的"扁平化"改变

马斯洛的需求理论告诉人们：人的需求是一个层级结构，从下往上分别是生理需求、安全需求、社会需求和尊重需求，以及最高级的自我实现的需求。当最底层的需求得到满足后，人们才会考虑上一级的需求。

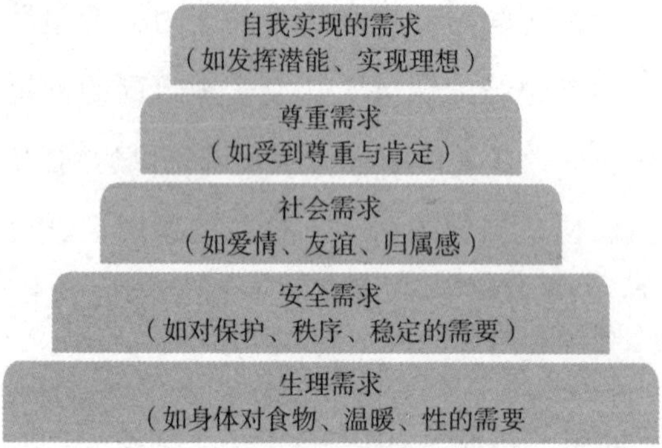

```
        自我实现的需求
      （如发挥潜能、实现理想）
         尊重需求
      （如受到尊重与肯定）
         社会需求
      （如爱情、友谊、归属感）
         安全需求
      （如对保护、秩序、稳定的需要）
         生理需求
      （如身体对食物、温暖、性的需要）
```

图2-3 马斯洛需求层次金字塔

然而马斯洛的需求层次理论在互联网经济飞速发展的今天，有了更精细的描述和变化。比如，购买一个面包，充饥虽然是底层需求，但购买更多的是美味、好看或者为了便捷。共享经济的新商业情境中，企业正在走向无边界组织，管理正在走向无边界管理。无边界组织的走向分三个层次，一是"利我"走向"无边界商流"；二是"利他"走向"无边界信息"；三是"利众"走向"无边界资金"。不同层级的无边界，其动力、发展、圈子、组织、管理、人才、循环方式各不相同，并铸成其不同的模式。因此传统的马斯洛需求层次理论已经很难再赋予我们对"人的需求"更多更深刻的理解。

我们通常讲，人有三种最基本的恐惧，第一是死亡，第二是无常，第三是被同类排斥。所以，我们需要提升自我价值感，需要感觉到自己是有能力影响这个世界的，需要感觉到自己是被同伴认可的。在今天的社会里，人人都在努力提升自我价值感，也就是说人们的马斯洛需求层次不再是传统的一个层级一个层级往上走，而是扁平化或重叠化了。

因此，员工在组织中必须被满足自主、能力和归属的心理需要。新生代员工渴望的是自己做主，有时候，给他们一定的自主权比简单的薪酬绩效管理更有效。

让新生代员工实现自我价值是管理者有效的管理手段。自我价值实现可以归为人对于自我发挥和完成的欲望，是一种使其潜力得以实现的倾向，即"人"的自我价值的实现，而非某个单一角色。因为我们在这个世界上首先是"人"，然后才有角色，是员工、是儿女、是父母、是朋友、是伴侣、是领导，所以"人"的自我价值的实现，是完整的，是统一的。"人"的自我价值实现了，其附属的角色价值自然就实现了。哪怕是处在最底层需求的人，也需要自我价值实现。比如，一个饥肠辘辘的人，目标需求就是吃饱；一个缺乏安全感的人，目标需求就是追求安全，等等。因此，可以理解为要想实现自我价值，就要"缺啥补啥"，一旦底层和低级需求得到弥补或得到满足，就会有质的变化，这种变化是一种飞跃。

当人实现了自我价值，他的需求就不再是封闭式的，而是开放式的。

第三节　批评教育新生代员工的
　　　　方式方法或技巧

　　对新生代员工批评的目的在于教育，希望其调整自己并改正错误观念，而不是管理者自己情绪的随意发泄，因此必须注意原则或技巧。

　　一是要描述不要判断。判断是定性问题，新生代员工未必会认同管理者的定性判断结果，一旦不认同，那么沟通的渠道就容易封闭。所以要描述，因为描述的如果是事实，新生代员工也不会轻易否认事实。

　　二是侧重表现，而非性格，要明确地说出批评的理由，而且不可情绪失控。职场上很多管理者批评员工时，很喜欢说："你怎么这么笨""这点事情都做不好""你在干什么"，等等，这种话一说出来，管理者似乎很解气，可是后面的沟通基本就是无效的。

　　三是要有特指，提出具体事实。批评新生代员工，一定要告诉他所做的哪件事情或环节存在问题，需要改进或调整，千万不可泛指。泛指就是整体不认可，他们就没有得到归属感和成就感，就容易辞职。

　　四是选择适当的场所，尽量在一对一的情况下批评。对新生代员工进行批评教育，一定要注意他的隐私，如果在大庭广众之下批评教育，就等于让组织中所有人都知道他犯错误了或能力不行，自尊心受到严重打击，必然会影响之后的工作。

五是抱着包容的心态，理性纠正及提出期望。管理者批评教育的目的就是培养自己的员工，让他们产生优秀的组织绩效，所以要抱着包容的心态对待自己的员工。

美国管理学家雷鲍夫从语言交往的角度，言简意赅地揭示了建立合作与信任的规律，管理界统称为"雷鲍夫法则"。

"雷鲍夫法则"充分体现了在管理中，人人都应该持有的谦和态度，认为最基本的原则就是要尊重对方，懂得对方的心思，最起码要把彼此放在同一个水平上，温和友善总比愤怒粗暴更有效果，更能解决问题。因此，我们在与新生代员工交流与沟通时，应该将"雷鲍夫法则"灵活地加以运用。

"雷鲍夫法则"告诉我们，在着手建立合作和信任时要牢记以下内容。

最重要的八个字是：我承认我犯过错误。

最重要的七个字是：你干了一件好事。

最重要的六个字是：你的看法如何。

最重要的五个字是：我们一起干。

最重要的四个字是：不妨试试。

最重要的三个字是：谢谢您。

最重要的两个字是：我们。

最重要的一个字是：您。

"雷鲍夫法则"看似很简单地从一个字到八个字，但其中的内涵很丰富。下面我们用一个案例，来看如果老板用"雷鲍夫法则"与员工进行交流，效果如何。可以分三个阶段来分析。

第一阶段，老板与员工对话必须要尊重对方，也就是给对方一个台阶，同时把自己的身段往下拉，目的是让对方心平气和。

员工："老板，我要辞职了，这次无论你说什么我都要辞职！"

老板："对不起，你的辞职行为使我意识到自己问题的严重性，你干了一件好事，让我认识到自己犯了错误。"

（员工最见不得的是老板在自己面前检讨错误，所以老板此言一出，员工多半心会软。）

第二阶段，老板要给员工愿景，员工需要有成就感和归属感。

员工："老板，也有我的错，我没有准确理解你的意思，但是事已至此我还是想辞职，而且公司有许多比我能干的人。"

老板："你一定要辞职，我也没办法，我们同事一场，好聚好散。你这次提议去美国参展的事情，事已至此只能终止。两个月后的28日，在美国还有一个同类展会，我打算这次安排你做参展工作小组组长，你把人员和预算列一下，先报财务再给我。咱们这次干出点成绩来，你看怎么样？"

（老板打了一张愿景牌，让员工觉得在这里工作还是很被重视的，是可以找到自己的价值并实现自我价值的。）

第三阶段，充分征求员工的意见，不要做侵略式或强加式的指令。

员工："那这次美国展会我协助你完成，辞职报告我先收回，到时候再说。"

老板："谢谢，我们后面合作一定会很愉快，以后有什么问题，你可以直接提出来。公司会大力支持美国的展会，你一定能够取得成功。"

员工："好的。如果没其他事情，我先去工作了。"

上述案例情景，我们可以看到老板充分灵活运用了"雷鲍夫法则"，成功化解了一名员工的辞职风波。

第四节　新生代员工的自我价值实现

一、新生代员工想"成为自己希望成为的人"

新生代员工要成为自己希望成为的人，这其中有三个维度，即职业化成熟度、企业认可度、职业认可度。

（一）职业化成熟度，主要体现在职业认知、人格塑造、自我认知、职业行为、职业态度、职业动机、职业观七个方面

1. 职业认知

简单来说就是对职业的认识，以及对团队的认识。如果团队成员把工作或职业仅仅看成谋生手段，就会出现"打工心态"或"钟摆式"的员工，如此，势必大大降低员工的工作责任心与归属感。

2. 人格塑造

具有健康人格的人，最显著的特点就是正视自己，正视过去，面对现实，注重未来，渴望迎接生活的挑战，在实践中充分发挥自己的潜能，实现自己的价值，并且能够自我教育，积极培养自我调控能力，并保持良好的心境。

3. 自我认知

也叫自我意识，是个体对自己存在的认知，包括对自己的行为和心理状态的认知。也就是员工在职场中对自己的洞察和理解，包括两个部分：一是自我观察，即对自己的感知、思维和意向等方面的觉察和评价；二是自我评价，即对自己的想法、期望、行为及人格特征的判断与评估，就是能清楚地认识自己。

4. 职业行为

是指员工对自己所从事职业的评价、情感和态度等心理过程的行为反映，它是职业目的达成的基础。包括职业创新行为、职业竞争行为、职业协作行为和职业奉献行为等方面。

5. 职业态度

是指员工对所从事职业的看法，及其在行为举止方面反应的倾向。主观因素，如心境、健康状况；客观因素，如工作条件、人际关系、管理措施等。积极的职业态度，不但会产生良好的绩效，还会促进员工努力提升自己的技能和专业，不需要过多激励或鞭策。

6. 职业动机

是指能直接引起、推动并维持员工的职业活动，以及实现自己职业目标或组织要求的岗位目标的心理过程。同时由于激发因素不同，会产生不同的职业动机。一般分为四类：成就动机类，实现目标、向前发展的驱动力；亲和需求类，有效与人交往的驱动力；权力需求类，影响人和环境的驱动力；能力展示类，完成高质量工作和发展个人技能的驱动力。

7. 职业观

是指员工对职业方面问题的根本看法，如职业的评价和选择等。一般来讲，职业对于个人的作用可分为：第一维持生活，通过劳动获取生活保障；第二发展个性，在岗位上发挥才能，挖掘和发展个人特长，实现个人价值；第三承担社会义务，通过劳动服务于社会和他人，实现社会价值。不同的人对这三个方面的认识存在差异，构成不同的职业观，从而体现在与职业有关的各种事物的态度上。

（二）企业认可度，主要体现在企业文化认可、领导方式认可、团队认可、工作认可、企业归属感五个方面

1.企业文化认可

企业文化是企业内部组织成员的一系列准则和行为方式，更是灌输给组织成员的一套独特的价值取向或体系。因此，从组织成员的向心力、忠诚度、依恋度、流失率、抱怨度可以看出企业文化能否被员工认同。

2.领导方式认可

组织中领导者的行为方式对员工的心理会产生影响。比如，交换型领导方式主要影响员工心理中的交易维度；变革型领导方式主要影响员工心理中的关系维度和团队成员维度。因此，有效的领导方式的运用和组合会使员工的心理达到满意的状态，完成卓有成效的心理建设，让员工对于组织领导高度认可，使组织形成强大的凝聚力。

3.团队认可

如果对团队不认可，成员就会产生"与其这样耗着还

不如辞职"的念头。为什么会有组织成员不认可自己的团队呢？关键原因还是在组织的领导者，因为组织成员对自己的领导存在认知盲区或反感情绪，从而不愿跟随自己的领导，这就需要组织领导者采用不同的管理和激励手段，满足组织成员的心理需求。

4. 工作认可

在传统经济学的假设里，无论从事哪种工作，获得金钱是唯一目的。然而当今组织成员的工作动力已经不仅仅是金钱，他们更多的是追求工作的意义和实现自我价值，他们首先需要认可自己的工作。

5. 企业归属感

归属感是指组织成员在思想、感情、心理上对企业产生了认同感，进而产生共鸣，最终促使组织成员将个人目标和企业目标相融合、相统一，由此产生强烈的责任感。对于企业而言，第一，使员工愿意来；第二，员工来了愿意留下；第三，员工能实现自己的价值，将小我的目标与企业的发展联系起来。

（三）职业认可度，主要体现在职业兴趣、职业价值观、职业成就、职业归属四个方面

1. 职业兴趣

就是指组织成员对所从事的职业是否具有比较稳定而持久的心理倾向。我们都知道，兴趣是一种无形的动力，

每个人都会对感兴趣的事物给予优先注意和进行积极的探索。因此，职业兴趣是一个人对待工作的态度和对工作的适应能力，表现为有从事相关工作的愿望和积极性，从而影响个人的工作满意度、职业稳定性和职业成就感，并使之具有高度的自觉性和积极性，促使其在职业生涯中取得成就。

2.职业价值观

由于社会分工的发展和生产力水平的差异，各种岗位或职业在劳动内容上、在劳动难度和强度上、在劳动条件和待遇上、在所有制形式和稳定性等诸多问题上，都存在这样或那样的差别。再加上受社会或传统观念的影响，各类岗位或职业在人们心目中有好坏高低之分，这些评价形成了人的职业价值观。俗话说"人各有志"，这个"志"在组织中就表现为组织成员在职业选择上的职业价值观，是一种具有明确目的性、自觉性和坚定性的职业选择的态度和行为，对组织成员的职业目标和择业动机起着决定性的作用。

3.职业成就

彼得·德鲁克说："为了使组织机构能够正常运转并作出贡献，管理必须完成三项同等重要而又极为不同的任务：设定组织解耦股的特定目标和使命；确保工作富有生产力并使员工有所成就，产生效益……"此经典论述告诉我们，组织管理者在帮助企业取得经济效益的同时还应该担负其他两方面的责任，即成就员工和回报社会。我们也经常说："要选对人，让选对的人能在企业里留得下，留得下的人能干得好，干得好的人能留得久。"关键在于员工的目标与企业的目标是否密切相关，即有没有目标牵引，能否通过目标的达成给员工带来工作中的成就感和自豪感，从而转变为员工的工作动力。

4.职业归属

个体与组织相互依存，组织成员的目标是否能跟上组织的目标？作为成员的个体，是否能从组织汲取生存的能量与乐趣？归属与被归属，是双方共同的渴望。"工作快乐，快乐工作"成为越来越多职业者的追求，那么又如何实现呢？第一，应该明确团队成员在团队中存在的价值；第二，明确团队成员的工作目标与成长目标；第三，要求团队成员建立创业的心态，实现从"这不关我的事，这是公司的事"到"这是我的事，我是公司的一部分"心态的转变；第四，要求团队成员建立积极心态，实现从"我这么一个小职位能做什么"到"我能做一些事去改变目前的状况"心态的转变；第五，树立积极心态，实现从"我已经把事情做得够好了"到"实际上我还能做得更好"心态的转变；第六，要求团队成员成为善于合作、自我管理和受人欢迎的从业者，具备团队荣誉感和极强的竞争力。

二、对新生代员工有效的培训模式

本书在前面篇章讲了很多新生代员工的性格特点,总结归纳起来主要有七大点:一是兼有积极与消极的工作态度;二是多变的职业观;三是对成功有独到的界定;四是对权威有自己的看法;五是具有较高的计算机水平和专业技术能力;六是不喜欢循规蹈矩的工作;七是忠于自己的生活方式。

新生代员工认为自己与企业之间是纯粹的雇佣关系。因此,企业对他们的培训不仅仅要注重技能,更要注重的是责任心、忠诚度、职业操守及企业文化引导等。对新生代员工的培训,切忌"洗脑型""说教式"培训。

如何对新生代员工进行有效的培训?我认为应注意以下五个步骤。

第一步是"接受的过程"。通过绩效管理、标杆树立、典型榜样等,使新生代员工认识到培训的重要,完成"要我培训"到"我要培训"的心理转变。

第二步是"鼓励的过程"。及时鼓励新生代员工去参加培训,并且保证新生代员工调整工作计划和安排时间去参加培训。

第三步是"强化的过程"。培训最大的问题是"听着很激动,回去后一动不动",而且培训最重要的问题是培训效果评估即行为转化。威斯康星大学教授唐纳德·L.柯克帕特里克提出柯氏四级培训评估模式，他认为，培训效果评估包括四个层次，即"反映层、学习层、行为层、成果层"，也就是我们通常所说的"依样画瓢、举一反三、融会贯通、自我管理"四个层次。所以，新生代员工培训完成后，组织管理者应注重如何支持其新技能，使培训的新技能得到巩固或转化。

第四步是"机会的过程"。培训的目的就是提升新生代员工的技能和意识，那么如何提升呢？就是给新生代员工施展手脚的平台，在实践中锻炼和提升自己。组织管理者不要怕新生代员工犯错，应让其"试错"，一定要让新生代员工在学到新技能后有实践机会。

第五步是"教练的过程"。在新生代员工全面成长以后，让他们去管理其他的新生代员工，作为其"教练"。懂新生代的永远是新生代，因为他们是在一个年代成长起来的，知道彼此喜欢什么，他自身就是其他新生代员工的标杆。

三、帮助新生代员工选择适合自己的职业

在很多次给HR做培训时，我问学员们第一个问题都是："你们单位最快离职的员工用了多长时间？"有回答一天的，有回答三天的，有回答一周的，有回答半个月的，

等等。有名学员说："余老师，我碰到离职最快的是15分钟，早上10:00到人力资源部报到，10:10去用人部门报到，10:15又来人力资源部说要离职了，说这个工作不是自己想要的。"

第二个问题："员工在3个月内离职，谁的责任居多？"有回答是企业的责任，有回答是HR的责任，有回答是用人部门的责任，等等。我认为员工在3个月内离职的，就是员工自己的责任，因为他是适应不了这份工作才离职的。

这就是我们经常所说的职业规划中"职业锚"的问题，如果新生代员工没有弄清楚自己的"职业锚"，那基本上就是"见一行，干一行；干一行，扔一行"的状态。

这几年的高校招聘，总有30%~50%的学生选择跨专业或转专业来应聘，我问为什么，大部分回答是："高考填专业自己不懂，随便填的""当初，家里亲戚认为这个专业比较好找工作""我这个专业是父母给选择的""我不喜欢这个专业，以后也不打算干这个"等，这样的求职很多以失败告终。

就所学专业的问题我也曾调查和访谈了数百名高校在校生，说"喜欢自己所学的专业"的学生不到40%，大部分回答是"一般""还行""不知道"，这样的现象有些可怕。如果对现在在读的专业不喜欢，大概率不会努力去学，只求混到毕业即可，将来怎么谈"职业生涯规划"？

我们的大学毕业生为什么会出现这种情况？其一，高考时对高考志愿关心程度并不高，家长怎么说就怎么填。其二，家长不知道怎么填专业。很多家长根据自己的直观感觉、学校名气或就业时的社会关系网等因素来指导填报。其三，个人对职业的分析较混乱。其四，学校对学生的"职业规划"教育太迟，大多数学生对职业规划比较"茫然"。

什么是"职业锚"？它是我们做职业生涯规划的核心问题，必须明确的三个方面是"核心竞争力""兴趣爱好""情怀"，三者是相辅相成的，不能割裂开分析。

HR在选人的时候考虑的"人岗匹配度"，除测试专业知识外，还要进行相关的性格测评等稳定性测试，不同职业需要不同性格，各种职业具有不同的胜任力模型，从而对从业者性格和能力的要求各不相同。比如要从事研发岗位必须具备的能力或特质：岗位的专业知识、实践技能、认真严谨的性格、时时学习创新、精诚的团队合作能力；要从事销售或市场营销岗位必须具备的能力或特质：成就动机、韧性、客户导向、人际关系敏感性、说服力。这两个岗位要求的特质或能力是不一样的，所以当有求职者说："我什么工作都可以胜任"，基本不可能。

找什么样的工作，或未来想要从事什么样的工作，必须要理清楚三个方面：一是职业兴趣——你想做什么。二是职业性格——你适合做什么。三是职业能力——你能做什么。"想得到不等于做得到，能够做不等于愿意做"，所以说职业性格是习惯意愿，而不是能力水平。

大学生毕业后，从初入职场到职场成功，一般要经历三个阶段，即初始阶段、发展阶段、优秀阶段。不同阶段的成功，其因素也不尽相同。职场初始阶段靠"胆识+师傅"；职场发展阶段靠"技能+态度"；职场优秀阶段靠"性格+兴趣"。

"十年磨一剑"，剑锋所指是大学毕业后，自己所期待从事的工作或领域。高考志愿专业的选择，就是我们职场之路的"剑锋"。考生一定要根据自己的"核心价值观"（我喜欢做什么？我想要做什么？）"核心竞争力"（我善于做什么？）"责任点"（这个世界让我做什么？）来进行综合判断选择。

第五节　新生代员工管理已经步入新的发展阶段

一、传统员工管理阶段，即"激励与控制"阶段的方式与手段

激励与控制是指企业通过激励的方式控制员工的行

为，使员工的行为与企业目标相协调。激励与控制强调的是通过激励调动管理者及员工的积极性和创造性。激励与控制包括激励方式的选择、激励中的约束和业绩评价等事项。激励与控制的具体方法很多，对新生代员工常用的主要有以下八种。

第一种方法：目标激励

目标，一般是指通过奋斗能够获得的成就或结果。目标是分层次的，它不仅有大小之分，而且有远近之分。由于目标总是由人们的某种需要产生的，所以它本身就构成一种激励因素，对人们的行为和动机具有直接激发和控制作用。当树立一个经过努力可以达到的目标时，对人们有着相当大的激励作用。当人们受到富有挑战的目标刺激时，就会激发出极大的工作热情，特别是事业心很强的人，愿意接受目标的挑战，在实现目标过程中大展才能。

第二种方法：物质激励

每个人都离不开一定的物质需求和物质利益，这不仅是维持生存的基本条件，也是人们在各方面获得发展的前提。物质激励就是通过满足个人的物质需求，来激发人们的积极性和创造性。

第三种方法：任务激励

从心理学上说，人们大都有自己的志向和抱负，愿意为自己所追求的事业奋斗，并在这种追求中获得精神上的满足。任务激励就是建立在这个基础之上的。其特点就是让个人肩负起与其才能相适应的责任，即提供给个人发展和成功的机会，激发其奋斗精神，满足其事业心和成就感。

第四种方法：荣誉激励

这是根据人们希望得到社会或集体尊重的心理需要，对于那些为社会作出突出贡献的人，给予一定的荣誉，并将这种荣誉以特定的形式固定下来。这既可以使荣誉获得者经常以这种荣誉鞭策自己，又可以为其他人树立学习的榜样和奋斗的目标。

第五种方法：信任激励

领导与员工之间的相互信任是一种巨大的精神力量，能极大地激发出每个人的积极性和主动性。"信任就是力量"，就是这个道理。信任激励之所以能激发人们的积极性，主要是因为信任能使人产生尊重感、亲密感、荣誉感和责任感。

第六种方法：强化激励

强化激励包括正强化和负强化。正强化是通过对人们的某种行为给予肯定和奖励，使其巩固保持，发扬光大。比如，日常工作中的表扬、奖励就属于正强化。负强化是通过对人们的某种行为给予否定和惩罚，使其减弱、消退，比如，批评、惩处等就属于负强化。

第七种方法：数据激励

心理学家认为，明显的数据对比能够使人产生深刻的印象，激发强烈的感想。数据激励，就是把人们的行为结果用数字对比的形式反映出来，习惯叫"数字上墙"，以激励上进，鞭策后进。这是因为，人都是有自尊心的，而自尊心正是激发人们积极向上的内在因素。数据激励正是利用人们的这种自尊心，将存在于人与人之间的工作成果差别以数字形式鲜明地表现出来，从而实现对人们行为的定向引导和控制。

第八种方法：情感激励

情感是影响人们行为较为直接的因素之一。有真情实感方能吸引人、打动人、教育人。良好、和谐的情感关系，是维护整体合力的起码条件。亲密、融洽、协调的情感关系可以使工作效率倍增；怨愤、紧张的情感关系则使工作受阻乃至中断。情感激励就是通过建立良好的情感关系，激发每个人的士气，从而达到提高工作效率的目标。

激励与控制阶段的员工管理，又可以分为两个阶段：第一阶段即"控制阶段"的员工管理，就是组织"要我做"，也就是我们平常所说的人事管理，如组织经常规定员工什么可以做、什么不可以做；第二阶段即"激励阶段"，就是从组织"要我做"升级到"我要做"，此阶段过渡到了人力资源管理。

激励与控制阶段的员工管理，其理论原理是"短板效应"，即一个人能创造多少绩效取决于他"最短的那块板"。所以在这个阶段，管理者总是盯着员工的"短板"，各类培训也是给员工"补短板"。

二、新生代员工管理的新阶段，即"赋能"阶段的方式与手段

伴随着互联网成长起来的新生代员工，充满创造力，敢于冒险，自我意识极强，在工作中更多地追求成就感和社会价值。传统的"控制型""激励型"的员工管理模式已逐渐失去优势或者不再适应现状，新生代员工管理的新阶段即"赋能型"的员工管理模式逐渐成为主流。

明尼苏达矿业制造公司（3M公司）鼓励员工支配其15%的工作时间用于"不务正业"：无论是一个创新研究还是启动某个跨部门合作，等等。而如此赋能得到的回报也相当可观——便利贴就是一款诞生于不经意的灵感碰撞中的创新产品，但它却获得了风靡全球的佳绩，并为3M公司带来每年超过1亿美元的收益。

因此，"赋能型"管理模式可以理解为给员工搭建一个创新的平台，给员工们的即时创意一个能够表达、发挥的空间，给员工做事、容错的机会，帮助员工在"冒险"中建立自信，并不断成长。

星巴克的"星巴克伙伴"概念成功建立了独特的企业文化。星巴克的员工流动率比行业平均水平低250%，"赋能"是其核心元素。公司建立了一套严谨完善的培训体系，用以帮助"星巴克伙伴"来向客户推广咖啡文化，包括普及咖啡知识，增进客人对咖啡生产地的认知等。在一定年龄的员工中，针对"生养孩子者"群体提出的希望多一点时间陪孩子的诉求，星巴克特别增加了每年两周的额外带薪假期，以帮助他们获得与子女相伴的幸福时光。而对较年轻一族，星巴克曾宣布将为他们报销两年的大学学费——2017年以前担任星巴克CEO的舒尔茨对这个教育激励机制也异常重视，他说不希望"星巴克伙伴"因学历门槛而落后于这个经济高速发展的时代。

组织里的员工大体可以分为四类：能干又想干、能干不想干、不能干却想干、不能干也不想干。"赋能"，简单地说就是"你原本不能，但是这个组织平台让你能"。个人的欲望、激情、创造力，成为首要的"发动机"。在这样的平台上，每个人的梦想实现才是目的。

陈春花教授讲过："未来所有可量化、可衡量、可程序化的工作，都会被机器替代。剧变时代的组织管理，传统的管控方式已经不再适用。数字化时代，赋能将成为时代的关键词。只有关注人的成长，成为价值型组织，才能在变化中生存下去。"她还说："很喜欢任正非的一句话，'方向大致正确，关键在于执行效率。'我们今天的战略不仅仅是迭代，更重要的是人力资源与战略的匹配效率到底够不够。如果没有很强的执行和匹配效率，哪怕选得再好，哪怕对整体的把握和预测再好，对用户的理解再深，也没办法实现真正的相对优势。"因此，我们也可以有这样的认知：虽然未来的组织会演变成什么样，现在还很难看清楚，但是未来组织最重要的功能已经越来越清楚，那就是"赋能"。

赋能阶段的员工管理，其理论原理"长板效应"，推翻了"短板效应"，指一个人能创造多少绩效取决于他最长的那块"板"。所以在这个阶段，管理者总是盯着员工的"长板"，各类培训也是给员工"长板再加长"，充分发挥员工的潜能，我们再回过头去学习员工十大心理需求层次，这种"长板效应"是很符合员工心理的，因为员工可以干自己喜欢干的事情。

"水桶能盛多少水，取决于最短的那块板"的原理已经不再适应今天形势发展的需要。知识经济时代，掌握知识的大脑最为重要，其他的一切都是在为人服务，而大脑不是靠管理的，而是靠开发的，赋能正是解决这一问题的关键，赋能可以简单理解为赋予员工自主能动性的过程，这个过程也是开发潜能的过程。相应的，人的管理也要进行根本性的改变，这不是一个只谈效率就可以的时代，这是一个赋能的时代！

三、新生代员工更看重"志同道合"的组织，看重自己是否能"人尽其才"

"术业有专攻"，就像人的五根手指各有长短，才能握成一个强有力的拳头。现代组织更强调分工协作，而往往志同道合者沟通才会更顺畅，行动才能更高效。

《三国演义》中有个很著名的故事"桃园三结义"，刘、关、张三人在结盟时说："念刘备、关羽、张飞，虽然异姓，既结为兄弟，则同心协力，救困扶危；上报国家，下安黎庶。不求同年同月同日生，只愿同年同月同日死。皇天后土，实鉴此心，背义忘恩，天人共戮！"，三人同心同德为"干一番大事业"而同舟共济、百折不挠，尽管破曹伐吴非常艰辛，几乎丢失性命，但最终建立了蜀国。

按照现在的说法，刘备被其对手贬为"织席贩履"之徒，虽说祖上是中山靖王，但历经数百年早已繁华落尽，可以说是真正起于底层的创业者。刘备高明之处就是把团队奋斗的愿景明确了，形成了志同道合的组织。

刘备对外宣扬自己的宗旨是"汉、贼不两立，王业不偏安"，以实现"剪除汉贼，中兴汉室"，这符合了当时众多能人志士的志向,彼时哪怕曹操身边的部分人,也心怀"匡扶汉室"的志向。

同时,刘备能对人才信任和放权是最大亮点,他做到了"知人善用""人尽其才"。

四、领导新生代员工的绝技,学会"装无能"

"装无能"就是领导假装自己不懂,用"地板心态"来看待新生代员工。什么是"地板心态",就是你躺在地板上眼睛朝上看,你会觉得什么人都那么"高大",在管理学里面就是学会发现和放大员工的优点,满足员工"被尊重"的心理需求。与"地板心态"相对应的是"天花板心态",就是你在天花板上眼睛朝下看,会觉得什么人都那么"矮小",在管理学里面就是放大员工的缺点。

第三篇

中国人的沟通智慧

有一次在给某企业做"中国人的沟通智慧"培训时，有学员问我："余老师，你的课程题目为什么叫沟通智慧？"我们每人都有一张嘴、两只耳朵，看似每个人都会说话、都会沟通。但是，有些人讲话你喜欢听，有些人讲话你不喜欢听，这喜欢与不喜欢不取决于你，而是取决于对方——说话的人，他的说话艺术或组织的语言是否能吸引你。所以，中国人有句俗语"话不投机半句多！"

因此，沟通也分下等、中等、上等三个层次。"下等"层次的沟通，就是那种"鸡同鸭讲"，你讲你的，我理解我的，效果是驴唇不对马嘴，就像给小学生上高等数学的感觉。"中等"层次的沟通，就是那种一知半解，似是而非的沟通，就像给初中生上高等数学的感觉。"上等"层次的沟通，就是一点即透，理解很精准或到位的沟通，很有"心有灵犀一点通"的感觉。能达到"上等"层次的沟通取决于两个方面，一方面是"听者"的理解能力到达了一定层面，另一方面是"言者"能根据"听者"的特征采取最为恰当的表述方式。

第一节　沟通的定义与原理

一、沟通的定义

根据百度百科,"沟通(Communication)是人们分享信息、思想和情感的任何过程。这种过程不仅包含口头语言和书面语言,也包含形体语言、个人的习惯、方式、物质环境——赋予信息含义的任何东西。"由此可见,我们通常所说沟通的模式有语言和肢体语言两种。

语言是人类特有的一种有效的沟通方式。语言的沟通包括口头语言、书面语言、图片或者图形。口头语言包括我们面对面的谈话、开会等;书面语言包括我们的信函、广告、微信、微博、传真、E-mail等;图片包括一些图画、幻灯片和电影等,这些统称为语言的沟通。

肢体语言非常丰富,包括我们的动作、表情、眼神等。实际上,在我们的声音里也包含着非常丰富的肢体语言,比如我们在说每一句话的时候,用什么样的音色和语气去说等,这都是肢体语言的一部分。

在我们身边,有很多老板总是抱怨自己的员工执行力不好或执行力不强,但是很少去找自身存在的问题,特别是自身的沟通问题。

二、什么是沟通

我们可以明确沟通的定义，是"一种信息的双向甚至多向的交流，将信息传送给对方，并期望得到对方作出相应反馈的过程。"那么沟通的原理就是"发送方"把自己想要传递的思想、信息等，通过语言或肢体等方式作为"编码"发送到"接收方"；"接收方"接收"发送方"的信息编码，经过自己的大脑加工形成自己的理解或认知，再通过语言或肢体等方式作为"编码"反馈发送到"发送方"。

有一次我在某大学讲授"高效沟通艺术"的课程，听课的学员大概有60人，我做了个课程小游戏——撕纸，我给每名学员发两张A4纸，要求所有学员闭上眼睛，全过程不许问我任何问题，也不许学员之间交头接耳，之后我发出指令如下：

第一步，把纸对折。

第二步，再对折。

第三步，再对折。

第四步，把右上角撕下来。

第五步，把纸旋转180度，把左上角也撕下来。

上述动作全部完成以后，当学员们睁开眼睛，再把纸打开，发现撕出的图案五花八门，我数了数有28种图案。

之后，这个撕纸游戏进入第二轮，这次我请一名学员上来发指令，游戏规则与上次一样，指令也是重复上述的，但是这次学员们对指令有任何疑问时，都可以向发指令者提问，但是不能相互交头接耳。在学员们将上述动作全部完成以后，撕出的图案有4种。

这个撕纸游戏是沟通类培训的典型游戏，撕出的图案为什么会出现这种情况？第一次我发指令，是单向的指令，所以学员会理解得五花八门；第二次学员之一发指令，是双向的交流，学员就理解得比较到位。

由此可见，沟通的关键，就是讲话的人怎么讲，听的人要怎么去听。

三、沟通的智慧

那么应该怎样沟通？什么样的沟通才是有效沟通？

我曾经做过一个调查，即向学员提问"职场中，有话要不要直说？"大概40%的学员赞同"有话就直说"，40%的学员则认为"看情况再定夺"，还有20%的学员回答"不知道"。这句"不知道"，往往很能体现我们中国人的沟通智慧。

我看了很多部历史题材的电视连续剧，比如《天下粮仓》《大秦帝国之崛起》《紫禁城的故事》等，有一个普遍现象就是朝廷忠臣都是在前面几集就"挂"了，但是玩弄权术的奸佞之层往往都是最后几集才"挂"。比如，为大秦帝国立下赫赫战功的"战神"白起被秦王赐死，而"小人"丞相范雎多次"死罪"却被秦王豁免。再比如，清朝户部尚书刘统勋一生正直不阿、忧国忧民、死而后已，但却多次被乾隆贬谪，甚至其爱女也被杀害。这些历史人物的"老板"，难道都是昏庸不明的？非也。那这些忠臣良相为什么不得善终？因为"忠言逆耳"！忠臣良相往往都是"有话直说"，也就是说的话，他们老板不爱听或者不喜欢听甚至是反感厌恶，因此，往往在电视剧里"活"不到最后一集或者"活"到最后一集就是电视剧结尾。通常情况下，"有话要不要直说"应当具体问题具体分析。历史上也有忠臣因其直言不讳得到皇帝的青睐，比如魏征；有时又会因过于直言不讳而遭遇杀身之祸，比如岳飞。

我们在职场该怎么沟通？

最重要的是我们必须明确沟通的目的是什么。沟通的目的，就是信息"发送者"通过沟通让信息"接收者"理解或执行"发送者"意图。因此，沟通目的有四个方面，第一是控制他人的行为；第二是激励被沟通者；第三是表达自己的情感；第四是信息的交流。

但是信息"发送者"在沟通方式或沟通意识上，中国人、美国人、日本人都是不同的，不能混淆！否则会引起不愉快或者不必要的麻烦。

笔者在一次培训中问了一位学员一个问题"当你领导

问你,你觉得今天余老师的课,讲得怎么样?"一般情况下,这位学员会非常肯定地说"余老师课程讲得太棒了,很好!"或者说"余老师课程讲得太差了,差评!"那么我们能不能这么回答?如果这位学员是西方人,这么回答,可以给100分。如果这位学员是中国人,这个分数是不及格!那么及格的回答是什么?答案是"还可以""还行""过得去""马马虎虎",等等,就是不能给完全肯定或否定的答案!

事实上,我们在职场经常会听到"我说句话,你别生气哈,我对事不对人"或"你这个事情我说几句,我是对事不对人哈"之类的话。这句话感觉是给对方"打预防针",貌似沟通技巧很高明,其实等于没说,试问哪件事情不是人干出来的?你批别人事没做好,其实也是间接地批评人。

"有话直说"为什么行不通?因为这里面,还有一个中国人最为讲究的东西——"面子"!有句俗语叫"树要一张皮,人要一张脸",不要脸的人就是"无耻之徒"了。因此,我们中国人在沟通的时候,必须要给足对方面子,才能顺利沟通,并达到良好的沟通效果。

这点我们与西方是有很大不同的,中国人还是遵从"忠、恕、孝、悌、勇、仁、义、礼、智、信"的。在西方,人们可以直呼父亲、爷爷的名字,但在中国试试看,估计立马被罚跪三天三夜。西方人在一桌吃饭,人们可以随便坐哪个位置，而在中国，上座一定是留给辈分最高的长辈，其他座位也是有座次的；长辈不动筷子，其他人也别想。

笔者曾有一位学员，是一家建筑公司的HRM，她兼任公司安全小组常务副组长，建筑工地上老是有安全小事故，她要我帮忙撰写一条安全警示标语。人人都知道安全第一，可是一旦真忙活起来安全就抛之脑后了！

笔者想起某次开车看到路边一个很大的警示牌，牌上写着"此地交通事故已经致死六人！"而且是醒目的大红字。这个警示牌效果非常好，为什么？因为谁也不想做第七个！如果警示牌上还是写着传统的"注意安全！"谁会引起重视？

借鉴这个交通警示牌的立意，笔者给她的公司写了个工地安全警示语："工友们，外出打工注意安全！否则，有人会睡了你老婆，打你的娃，霸占你的房产，花你的抚恤金！"感觉狠是狠了一点，但是能击中工友的心，因为，一旦失去了生命，这些都有可能成为现实！

第二节　人际沟通的障碍

一、人际沟通障碍的影响因素

人际沟通的障碍主要受个人因素、人际因素和结构因素三个主要的因素影响。

第一，个人因素，是指沟通中由于个人的性格、心理特点、思维方式、知识、能力、经验等不同造成沟通的障碍。主要包括：①人们对人和对事的态度、观点和信念不同造成沟通的障碍；②个人的个性特征差异造成沟通的障碍；③语言表达、交流和理解造成沟通的障碍；④沟通能力缺陷造成沟通的障碍；⑤其他个人因素，如知识、经验水平的差异造成沟通的障碍以及个体记忆不佳造成沟通的障碍等。

第二，人际因素，主要包括沟通双方的相互信任程度和相似程度。如果彼此之间有猜疑，就会增加抵触情绪，减少坦率交谈的机会，也就难以进行有效沟通。但是沟通双方的特征，包括性别、年龄、智力、种族、社会地位、兴趣、价值观、能力等相似性越高，沟通的效果就会越好。

第三，结构因素，指信息传递者在组织中的地位、信息传递链、团体规模等结构因素也影响着沟通的有效性。信息上下沟通层次越多，到达"接收方"的时间也越长，信息失真率则越大，越不利于沟通。信息平行沟通障碍大多是多个部门因利益格局分割而形成的。

二、人际沟通障碍的具体表现

人际沟通障碍具体表现为以下几种情况。

1. 信息发送者"语言表达能力不佳或欠缺",或信息接收者"听不清"

来看一则事例,一位大妈去菜场买豆腐,指着一块豆腐与摊主展开缠夹不清的对话。

大妈:"豆腐多少钱一块?"

摊主:"二块。"

大妈:"二块钱一块?"

摊主:"一块。"

大妈:"一块二块啊?"

摊主:"二块。"

大妈:"到底是二块一块?还是一块二块?"

摊主:"是二块一块。"

大妈:"那就是五角一块。"

摊主:"我不卖你了,我也被你弄糊涂了!"

2. 未能充分传达自己的信息

这种情况与第一种情况有些相似,但又不同,古人云"言者无意,听者有心",就是指这种情况。

再来看一则事例。

第一次,某天上午10点,领导通知大家11点到会议室开会,领导在通知后面特意写了一行字"大家带上吃饭的家伙!"11点小明准时带着饭盘和筷子进会议室了,一看同事都带着笔记本和平板等,领导看着小明,小明说:

"领导,是你让带着吃饭的家伙呀。"

第二次,领导请大家吃饭,领导亲自开车,小明等人坐车,这天领导心情比较好,车子开得比较快,临近饭店的时候,突然蹿出一条小狗,眼看快撞上了,领导紧急刹车,狗也紧急停住,小明说话了:"狗也会刹车呀!"

第三次,小明在办公室的鱼缸里养了几只北美透明虾,某天阳光灿烂,小明把鱼缸放在窗户下晒太阳,刚好领导过来,对着鱼缸看了好一会儿,问小明:"这鱼缸里养的是什么?"小明说"虾呀!"领导一愣,走了,小明也一愣,赶紧解释"领导,虾呀!领导,真是虾呀!真是虾呀!"

第四次,领导的儿子出生100天,领导请小明等同事吃饭。宴席上领导爱人抱着宝贝儿子给大家看,大家都称赞:"这小孩,天庭饱满,以后肯定能当大官""这小孩,地阁方圆,以后肯定是个大富翁"等,领导听了很开心,此时小明发言了:"这个小孩,以后会死的。"

小明说错了吗?没说错。那如果你是领导,你听了小明的话,心里舒服吗?小明就是未充分表达信息,从而让人产生了误解。

3.不懂说话的艺术或技巧

说话、沟通的技巧或艺术有两种,一种是封闭式沟通,另一种是开放式沟通。

企业都会进行绩效管理,我们来预演个故事:领导找小明进行绩效反馈与绩效辅导。

背景是这样的:小明二月份绩效考核结果显示,小明仅完成了绩效目标的50%,应该属于绩效完成比较差的状态,小明的直属领导要找小明进行绩效反馈和绩效辅导。

(1)封闭式沟通

领导:"小明,你上个月绩效怎么只完成了50%?"

小明:"领导,绩效考核的时候我已经说明原因了。"

领导:"下个月,你打算怎么做?"

小明:"领导,现在市场非常难做,市场竞争相当激烈,而且我们的产品同质化非常严重,要取得市场、进一步拓展,只有铺底赊账和降低产品价格,否则一点儿办法也没有。"

领导:"小明,铺底赊账和降低产品价格的销售策略,谁都会做,而且这种权限在总部领导那里,我没这个权限。"

小明:"领导,那我真没办法。"

显而易见,对小明的绩效反馈沟通失败。那么这种沟通模式为什么会失败?因为封闭式沟通,是带有倾向性情感的沟通模式。比如:领导问"小明,你上个月绩效怎么只完成了50%?"这句话的潜台词就是告诉小明:你是一个绩效不合格的员工。否定了小明上个月工作努力的成果。那么对信息"接收方"小明而言,是非常不愉快的,一接收到自己被否定的信息传递,一般而言,第一反应是"排斥"——"领导凭什么说我不合格";第二反应就是找出绩效考核不合格的原因;第三反应是:我没错,我也努力过了,客观情况摆在这里;第四反应是进行比较,"我这么辛苦,领导居然对我评价这么差,你们领导拿的钱比我们多,又不用日晒雨淋地跑市场,要么你们来做做看。"

如此,上述信息接收者产生了四个方面的反应来抗拒沟通,就导致了绩效反馈沟通的失败。

(2)开放式沟通

领导:"小明,你对你上个月绩效完成情况怎么看?"

这句话,领导没有带任何倾向性情绪,完成得好与不好,领导不做任何评判,而是让小明自己回答。这种模式的沟通,小明的回答可能有两种情况。

第一种开放式沟通的情况。

领导:"小明,你对你上个月绩效完成情况怎么看?"

小明:"领导,完成得不好。"

领导:"小明,我们可以分析一下,上个月你的绩效完成情况哪里不够好。"

小明:"好的领导……"

领导:"小明,你对下个月完成绩效有什么计划或方案?"

小明:"领导,我的计划是……"

领导:"嗯,小明,你做得很好,思路也很好,如果按照这个思路实施,需要我给你什么支持或者帮助?"

小明:"领导,现在市场非常难做,竞争相当激烈,而且我们的产品同质化非常严重,要取得市场、进一步拓展,只能铺底赊账和降低产品价格,否则绩效目标仍然很难完成。"

领导:"小明,你的建议我下午就向总部反映,尽量再争取优惠的政策。"

小明:"谢谢领导,我下个月会努力工作的。"

领导:"如果没有优惠政策,我相信你还是能像以前一样完成目标,有什么问题或者需要我帮忙的,你尽管找我。"

小明:"谢谢领导,我一定完成任务。"

以上沟通是成功的,鼓舞和激励了小明的工作积极性。

第二种开放式沟通的情况。

领导:"小明,你对你上个月绩效完成情况怎么看?"

小明:"领导,完成得不错!"

领导(假装困惑):"小明,为什么这么评价呢?"

小明:"领导,之所以说完成得不错,是基于以下几点……"

领导:"小明,你总结得非常好,上个月你做得非常努力,当初给你下达KPI的时候,确实也有考虑不周的地方。"

小明:"领导,我也有不足和不够努力的地方……"

领导:"小明,你对下个月完成绩效有什么计划或方案?"

小明:"领导,我的计划是……"

领导:"嗯,小明,你的思路很好,如果按照这个思路实施,需要我给你什么支持或者帮助?"

小明:"领导,现在市场非常难做,竞争相当激烈,而且我们的产品同质化非常严重,要取得市场、进一步拓展,只有铺底赊账和降低产品价格,否则绩效目标仍然很难完成。"

领导:"小明,你的这个建议,我下午就向总部反映,尽量再争取优惠的政策。"

小明:"谢谢领导,我下个月会努力工作的。"

领导:"如果没有优惠政策,我相信你还是能像以前一样完成目标,有什么问题或者需要我帮忙的,尽管找我。"

小明:"谢谢领导,我一定完成任务!"

以上沟通也是很成功的,鼓舞和激励了小明的工作积极性。

因此，我们从上述的事例中可以看出，沟通不是指责，更不是命令，沟通的目的是要着眼于未来，解决问题，促进发展。

第三节　沟通中非语言信息的运用

人们在沟通的时候，当语言信息和非语言信息产生矛盾时，真实意思往往隐藏在非语言信息之中。

非语言信息同语言信息相比，具有三个特点：一是交流过程的连续性；二是交流的多通道性；三是较强的可靠性。

非语言信息基本形式有六种：一是肢体语言，即以身体动作等特征表达出来的意义信息系统，如面部表情、手势、身体姿势、抚摸和拥抱等身体接触的方式，它们可替代自然语言，辅助深层次意义的表达，流露真实的感情；二是目光接触，可表露出理解、鼓励和认可等含义；三是人际距离，可了解人际关系的亲密程度；四是时间控制，选择适宜的时间段和控制适当的时间长度进行交谈，有助于沟通效果；五是实物与环境，人们用其来表现自己的专业属性和性格特征，了解他人的无声语言；六是类语言，一般包括声音要素和功能性发音，前者如音质、音量、音调、节奏等，后者则指无固定词义的发音，如哭、笑、叹息、呻吟等。

在心理学研究中，沟通对象即使没有任何语言，也能表现内心活动。

对某人比较喜欢，一般的肢体语言表现有：双手张开、身体前倾、眼神关注、舔嘴唇、面带微笑等。

对某人强烈反对或反感，一般的肢体语言表现有：手掌四肢并拢伸直、下巴上抬、反手叉腰、眼睛睁大、身休前倾、眉毛上扬、双目圆睁、食指点人、手握拳等。

对某物或者某事感兴趣，一般的肢体语言表现有：反复提到、靠近、微笑倾听、身体前倾、积极参与等。

对某事难以下结论，一般的肢体语言表现有：坐立不安、搓手、来回走动、皱眉头、无意识地敲击桌子、用手摩擦手背等。

对自己说的话没自信或说谎，一般的肢体语言表现有：肩膀耸动、摸鼻子、抓痒、逃离、快速眨眼等。

自己不愿表达思想或情感，一般的肢体语言表现有：噤声、紧咬双唇、面无表情、转身不直接面对、躲在角落里、手臂抱于胸前等。

一、面部表情的行为心理

"身体直立，头部端正"，表示自信、严肃、正派、精神十足；

"头部向上"，表示希望、谦逊、内疚或沉思；

"头部向前"，表示倾听、期望或同情、关心；

"头部向后"，表示惊奇、恐惧、退让或迟疑；

"点头"，表示答应、同意、理解和赞许；

"头一摆"，表示快走。

二、不同情绪的面部表情

"兴奋"，表现为眉眼朝下、眼睛追踪着看、凝神倾听；

"愉快"，表现为双颊向上飞扬、眉毛拉平、眼睛变细、嘴唇朝上扩展；

"惊奇"，表现为眼眉朝上、眨眼或双眉上扬、双目圆睁；

"悲痛"，表现为眼眉拱起，嘴角下撇，眼眶有泪水，有韵律地啜泣；

"惊恐"，表现为发呆，脸色苍白，出汗发抖，毛发竖起；

"羞愧"，表现为脸红、低头、眼朝下；

"轻蔑（厌恶）"，表现为嘴唇朝上，眼睛斜视，皮笑肉不笑；

"愤怒"，表现为皱眉，咬紧牙关，眼裂变狭窄，面部发红；

"脸红"，表示羞涩或激动；

"脸色发青发白"，表示生气、愤怒或受惊吓，异常紧张；

"脸黄"，表示心情紧张、抑郁、烦闷；

"脸灰"，表示失意落魄。

三、常见目光接触的含义

"互相正视片刻"，表示坦诚；

"互相眈眈而视"，表示敌意；

"斜视一扫而过"，表示鄙夷；

"正视、逼视"，表示命令；

"不住地上下打量对方"，表示挑衅；

"左顾右盼，低眉偷觑"，表示困窘；

"较长时间地凝视着对方"，表示专注；

"行注目礼"，表示尊敬；

"翻白眼"，表示反感；

"双目圆睁或面面相觑"，表示吃惊；

"眼睛眨个不停"，表示疑问；

"眯眼而看"，表示轻视或高兴；

眼睛平视角度，表示"平等"；

眼睛仰视角度，表示"尊重、敬畏、思索、傲慢"；

眼睛俯视角度，表示"羞涩、轻视、关切"；

眼睛斜视角度，表示"感兴趣（眉毛微微竖起或微笑）或敌意"；

眼睛正视角度，表示"严肃、庄重、平和、认真"。

四、鼻子的各种情况所代表的不同含义

"鼻头出汗"，表示心里焦躁或紧张(排除温度影响)；

"鼻孔扩大"，表示愤怒或者恐惧，得意状态或兴奋现象；

"鼻子泛白"，表示心里有所恐惧或顾忌，踌躇犹豫；

"摸鼻子"，表示说谎或不好意思；

"抬起鼻子"，表示高度自信，轻视某人；

"手捏鼻子"，表示反感；

"耸鼻"，表示厌恶。

五、各种手势所代表的含义

手心向下是一种用来表示命令、权威、下达指令的手势。

男性在交流沟通中偏爱此姿势——双手插于口袋，这种肢体语言一般是表示自己还没有决定参与此次谈话或活动，不愿意完全接纳。

手掌相互摩擦，表示期望；

掌心相对，表示自信；

手指摩擦手掌，表示抉择、安慰；

手撑脸部，表示思考、敷衍；

双手抱于胸前，表示不安、紧张、抵制、自我保护；

一只手抱于胸前，一只手托着下巴，表示放松思考；

一只手抱于胸前，一只手下垂，表示没有自信或者"自己还好"；

背手，表示自信、权威。

六、脚的位置所代表的含义

脚尖所指向的方向，表面上是你最感兴趣的人或者物的位置，也可以表示你最想要去的地方。

叉开的双脚，是一种"捍卫领地"式行为，表示出捍卫、权威、强硬的意识。

七、沟通中必须能有效控制自己的情绪

2017年某医科大学第一附属医院住院部楼下，发生一起恶性砍人事件。马某带着准新娘刘某到医院看望住院的外婆，在医院楼下遇到醉酒男子叶某，双方发生口角。叶某从双肩包里掏出一把刀朝对方一阵乱刺，导致刘某抢救无效死亡，马某受轻伤。

2018年7月，法院公开审理了这起故意杀人案。死者

刘某遇害时，正在准备与马某举办婚礼。2017年4月29日晚上8点20分左右，从医院看望外婆准备回家的马某和刘某走到3号住院楼楼下时，遇到醉酒的男子叶某，双方发生口角争执，"心情不好，不要冲着陌生人发脾气……"马某对叶某说。突然，叶某从双肩包里掏出一把刀对着刘某一阵乱刺，刘某倒在了地上，看到女友倒地，马某随即追赶逃跑的行凶者并呼喊，医院协警和保安听到呼救声后，立即追击凶手将其制伏。

几分钟前，叶某与死者刘某还是陌路人，只因喝醉了酒遇到刘某和马某走在一起，看了他们一眼并骂了一句，马某也骂了一句叶某，双方开始争吵，最后酿成悲剧。

在法庭上，被告人叶某说自己跟被害人没有任何矛盾，事发当晚他喝了几杯白酒后有些恍惚，自控能力很差，控制不了自己。

上述悲剧本可以避免，就是因为带有情绪，造成了惨剧。

第四节　信息接收导致的沟通障碍问题

一、信息接收者先入为主（第一印象）

第一印象非常重要，在人与人第一次见面沟通交流时，有90%的人，往往是在最开始的45秒时间里，基本就形成对对方的评价，并给对方贴上标签。

心理学家做了个实验，让同学A和同学B站出来，然后其他同学分别用7个形容词描述其特征，再组织10名参与实验者分别给出对A和B的印象分。总结了大家的答案后，A同学的特征依次是聪明、灵巧、勤奋、谨慎、冷淡、实际、武断；B同学的特征依次是冷淡、实际、武断、谨慎、聪明、灵巧、勤奋。结果A同学被贴上了"聪明、靠谱"的标签，而B同学则被贴上了"势利、不靠谱"的标签。

为什么在沟通中人们往往喜欢"以貌取人"？在心理学的概念中，视知觉被定义为大脑对眼睛获取到可见光信息的分析能力，其包含了眼球接收器官在接收可见光的视觉刺激后，将信息传达到大脑接收辨识的过程。人类的感知觉，记忆与思维同样有很大一部分是以视觉画面作为组织、加工和记录储存的形式，该论述同样为视知觉的重要性提供了有力证据。

二、信息接收者的偏见（刻板印象）

"偏见是指根据一定表象或虚假的信息相互做出判断，从而出现判断失误或判断本身与判断对象的真实情况不相符合的现象"。由此我们可以看出偏见是人们以不正确或不充分的信息为根据，从而形成自己对其他人或群体的片面甚至错误的看法与影响。

沟通中存在偏见意识，就是信息接收者对外在事物的了解往往用自己已有的知识、经验去衡量，从而造成对事物错误的理解。

三、信息接收者没有注意"言外之意"

"言外之意"指话里暗含着的、信息发送者没有直接说出或者不便明说的意思，信息接收者要理解或懂得对方的真实意图。

第五节　因沟通渠道导致的沟通障碍问题

沟通渠道是指由信息源选择和确立的传送信息的媒介物，即信息传播者传递信息的途径。信息源渠道有正式和非正式之分。

一般而言，正式渠道由组织建立，它传递那些与工作相关的活动信息，例如传达文件、召开会议、上下级之间的定期情报交换等。优点是沟通效果好，比较严肃，约束力强，易于保密，可以使信息沟通保持权威性。缺点是由于依靠组织系统的层层传递，所以较刻板，沟通速度慢。

非正式渠道常常称为小道消息，它不受组织监督，自由选择沟通渠道,例如团体成员私下交换看法、朋友聚会传播消息等。优点是沟通形式没有局限性,直接明了,速度很快,容易及时了解正式渠道难以提供的"内幕新闻"。缺点是非正式渠道难以控制,传递的信息不确切,易于失真、曲解,而且它可能导致小集团、小圈子的形成,影响人心稳定和团体的凝聚力。

非正式渠道是正式渠道的有机补充,一些决策依据的情报有时是由非正式渠道传递的,并且常常能提供大量的通过正式渠道难以获得的信息,真实地反映员工的思想、态度和动机。

1.信息经过他人传递而误会

有个著名的事例。

1910年,美国某部队一次命令传递的过程是这样的:

少校对值班军官说,明晚8点钟左右,哈雷彗星可能在这个地区出现,这种彗星每隔76年才能看见一次。命令所有士兵着野战服在操场上集合,我将向他们解释这一罕见的现象。如果下雨的话,就在礼堂集合,我将为他们放一部有关彗星的影片。

值班军官对上尉说,根据少校的命令,明晚8点,76年出现一次的哈雷彗星将在操场上空出现。如果下雨的话,就让士兵穿着野战服列队前往礼堂,这一罕见的现象将在那里出现。

上尉对中尉说，根据少校的命令，明晚8点，非凡的哈雷彗星将身穿野战服在礼堂中出现。如果下雨的话，少校将下达另一个命令，这种命令每隔76年才会下达一次。

中尉对上士说，明晚8点，少校将带着哈雷彗星在礼堂中出现，这是每隔76年才有的事。如果下雨的话，少校将命令彗星穿上野战服到操场上去。

上士对士兵说，在明晚8点下雨的时候，著名的76岁的哈雷将军将在少校的陪同下，身着野战服，开着他那"彗星"牌汽车，经过操场前往礼堂。

2.环境选择不当

有很多研究结果表明，环境可以影响情绪，可以让沟通者情绪稳定，也可以让其情绪失去控制。大部分人都喜欢在一个开放而又宽松的交流环境中进行沟通谈判，不喜欢在封闭或空气流通不畅的环境中沟通。所以谈判高手往往都会营造环境，目的就是便于沟通，而且他们往往会从中心议题之外开始谈起，逐步引入，天文地理、新闻趣事等，对方喜欢什么就聊什么，目的是让双方把紧绷的神经放松下来，轻松和谐的谈判氛围能够拉近双方的距离。

这样，在切入正题之后容易找到共同语言，化解双方的分歧或矛盾。

那么什么样的环境才是适宜交流沟通和谈判的呢？一般来说，大环境指的是谈判地点的选择，谈判地点有主场和客场之分,主场指的是自己的办公室或自己所在的城市,客场指的是对方的办公室或者城市,主客场的不同对谈判结果也有影响。

每位销售谈判高手,都有这样的经验——建立关系的过程中"陪伴是最长情的告白",他们出现的场所往往是和客户去吃饭、喝茶,去帮助客户解决私人生活中的问题,这些事看起来跟工作没有关系,却有效地与客户建立了良好的关系。

3.沟通时机不当

心理学上有个"好心情效应",是说人在心情好的时候往往比较喜欢交流或帮助别人。在日常生活或工作中,我们也经常遇到这种情况,有些时候自己本没说过激怒别人的话,对方却莫名其妙发火,使沟通变得困难;或者与同事之间在工作上的分歧,始终无法解决。其实这两个问题都可以归结为一个原因,那就是沟通的时机不对。

那么如何选择沟通时机?主要需要注意三个方面:时间、机会和时效。

第一个方面是时间。我们都有深切体会,在开车或睡午觉的时候最反感的就是接到各种卖房子、贷款、保险等推销电话,一听到这类电话就会挂掉。为什么?因为这个时间段我们不想被打扰。所以我们在沟通的时候,一定要匹配对方的时间,否则这样的信息传递难以让对方接受、理解，难以达到沟通目的。

第二个方面是机会。有这么一段话形容了说话时机的重要性："该说话时，说话是一种水平；不该说话时，不说话是一种聪明；知道什么时候该说话，什么时候不该说话，是一种城府。"只有掌握了说话的最佳时机，才能够将话说得恰到好处。如果时机掌握得不好，一个人说话的内容不论如何精彩，也难以达到说话的目的。

《弟子规》有云："人不闲，勿事搅；人不安，勿话扰。"当对方很忙或不开心的时候，不要去打扰；等对方空闲，心情舒畅的时候再开口也不迟。

第三个方面是时效。意思是要依据自己的沟通内容明确一个截止时间，沟通也是有保鲜期的。日本著名的职场顾问桑原晃弥，他提出了一个理论就是祝福要"当场传达"、道歉要在"事发当天"，这就是时效性的问题。有些沟通事项随着时间的推移，影响将逐渐减弱或增强。

有一位把婚姻经营得很幸福的女士说："我的丈夫白天上班，忙碌了一天，精疲力尽，晚上拖着疲倦的身体挤公交车回到家中。如果这时家中的人不体贴他，一开口就诉苦，难免产生家庭摩擦。相反，我总会先把这些'苦'搁在一边，温和地说'公共汽车太挤了吧？太辛苦了，先休息一下吧！'等到丈夫安静下来后，再把家里的事情说出来，这样每次都能得到丈夫的理解和支持。"

这样的沟通才是明智的。

4.有人蓄意破坏、挑衅

这种情况，就是我们平常所说的"挑拨离间"，一般情况下以告密、造谣为手段，以获取不可告人的利益为目的。挑拨离间者，常以"告密"为快，他们想通过这种方式让人觉得他们是"知己"，同时又巧借别人之间的摩擦达到离间的目的。

第六节　造成职场沟通障碍的主要因素

职场小白向老板汇报工作的时候，会支支吾吾，严重的时候还会语无伦次，但是老板的秘书往往会井井有条、游刃有余。为什么？因为职场小白怕老板对自己说的话缺乏兴趣，对自己提供的信息不关心，也不愿意接收信息，害怕自己白费劲，这就是一个障碍。因此，职场沟通要先清楚对方的需求是什么，再用对方感兴趣的方式来传递信息，不说一些不该说的话，尽量避免在对方情绪激动的时候沟通。

第一种因素，地位（职位和专业）的差异

"为什么我特别怕并且极力回避和领导接触？"知乎上的这个问题被浏览了100多万次。很多人在与上司沟通时，会不由自主地紧张，会出现逻辑混乱、声音发抖等现象。

这个因素是"地位（职位和专业）的差异"所造成的。

在职场下级和上司的沟通过程中，下级总想着表现最好的一面，并把自己的弱点隐藏起来，这也会导致下级在不经意中与上司产生隔阂。

当然，在下级和上司的沟通过程中，下级不了解上司的性格、脾气、喜好、背景等，也会比较茫然。假如你的领导是一个急性子，你在汇报工作时，应先说结果后说细节；假如你的领导注重细节，你在每次汇报工作结果后，需要有详细的数据作为支撑。

职场发展比较顺利的人，基本上是与上司沟通比较好的人。下级和上司之间地位的不平等，只不过是两人手中掌握的资源不一样。我们换个情景，如果你离开这个单位，你见到他还会紧张吗？恐怕不会。因此，你与上司沟通时，第一件事就是微笑看着他，然后眼睛一定要平视他的眼睛，这样就会很自信了。

第二种因素，沟通信息来源的可信度

沟通信息来源产生了问题，就容易产生所谓的谣言，对人、对事、对社会事件的不确切信息的传播，特别是没有根据捏造出来并通过一定手段推动传播的言论，成了造成沟通障碍的主要因素之一。

第三种因素，认知偏误

认知偏误是指有特定模式的判断偏差，主要是由人们根据主观感受而非客观资讯建立起主观以为的社会现实所致。认知偏误可导致感知失真、判断不精准、解释不合逻辑或各种统称"不理性"的结果。认知偏误的模式主要有以下四种。

模式一是"锚定效应"。当人们需要对一个事物作出评估或判断的时候,往往会先找出一个已知的类似情况作为参照,并与之相比较,从而得出结论,这个过程就掺杂了自己的偏好。比如股票投资中,我们总是以自己的买入价作为"锚",与市场价格比较,计算自己的盈亏。一旦我们有了盈亏的概念,我们在处置自己的股票时,就会有不同的决策。实际上自己的盈亏和市场没有关系,只是自己用"锚定效应"得出的感觉。

模式二是"损失厌恶"。主要指我们对于损失有天然的厌恶。这是人类与生俱来的,远古时代生存艰难,生存所需资料的损失会带来巨大的生存压力,并且成为人类的遗传基因,一直遗留下来。我们天生对损失更敏感,决策时更倾向于避免损失,因此,对于规避风险的考虑远远大于追逐利益的考虑。

模式三是"风险和收益态度的非对称性"。主要指我们面对收益时,会选择比较安全的策略,并且更倾向于选择"落袋为安"。而面对损失时,我们的赌博性又比较明显,选择赌一把。例如,有两种收益方式:一种是50%

的机会有1000元收益；另一种是直接有500元收益。其实两种方式的期望效用是一样的，心理学家研究表明，人们在选择时，更多的人会选择第二种，直接拿走500元，选择安全策略。

模式四是"忽略概率权重"。主要指人们面对不同概率的选择，会极大地被收益所吸引，忽略概率的影响。比如，投资20元钱，我们有万分之一的机会收益100万元；或者投资20元钱，我们有一半的机会收益200元钱。我们在选择时，面对巨大的100万元收益的诱惑，往往会选择第一个选项。这也就是那么多人会去买彩票的原因了。

为什么生活中有那么多因认知偏误而产生的对认知失调的平衡？其实，我们之所以会觉得"错不在我"，就是因为每个人都有自己的一套价值观和行为方式，而且认定自己的这种价值观和行为方式会带来好结果。当结果和预期不一样时，我们就会不舒服，为了平衡这种失调，我们就要解释或者捍卫自己的行为。因为认知失调会让人不舒服，所以很多时候，当我们认知失调时，自己都意识不到。

第四种因素，过去的经验

《论语》中有这样一段话："子入太庙，每事问。或曰：'孰谓鄹人之子知礼乎？入太庙，每事问。'子闻之，曰：

'是礼也。'"用尝试的心态去面对新的问题，对新的东西产生敬畏之心。在新的环境里，不懂的地方最好问一问，如果之前的经验不能套用在新环境中，也不要固执地认为是环境没有依着自己的经验走。

第五种因素，情绪的影响

古代阿拉伯学者阿维森纳，曾把一胎所生的两只羊羔置于不同的外界环境中生活：一只羊羔随羊群在草地快乐地生活；另一只羊羔旁拴了一头狼，它每天都会感受到自己面前那头野兽的威胁，在极度惊恐的状态下，根本吃不下东西，不久就因恐慌而死去。

通常情绪影响沟通叫情绪效应，是指在沟通中一个人的情绪状态可以影响到对某一个人的评价。尤其是在第一印象形成过程中，主体的情绪状态更具有十分重要的作用，第一次接触时主体的喜怒哀乐对于双方关系的建立或是对于对方的评价，可能产生不可思议的差异。与此同时，交往双方可以产生"情绪传染"的心理效果，主体情绪不正常，也可以引起对方的不良态度，从而影响良好人际关系的建立。

第七节 克服沟通障碍的两大绝招

有障碍就得克服,沟通障碍如何克服?特别是如何在短时间内有效克服?

一、克服沟通障碍的两大绝招

第一大绝招是简化语言

如何简化语言?应遵循两个规则,即"讲话10分钟"和"善于做比喻",也就是说再复杂的问题,也要精练到10分钟内阐述清楚,而且对于难以讲明白的道理要善于用比喻来讲透,比喻会更加有效地增强谈话的说服力。

当然语言简化不是简单语言,两者有很大区别,虽然是一字之差,却是"差之毫厘,谬以千里"。简化是在充分理解了思想和观点之后,用自己的思维方式让语言更加简洁明白,简化的目的是让对方更容易明白自己的意思。而简单则是盲目省略,甚至是忽略内心的思想,话说不清楚,让对方感到无所适从。

第二大绝招是主动倾听

人与人之间沟通的信息由两个部分组成:谈话的内容以及内容背后隐藏的情绪或态度。因此,主动倾听不是一种单纯接收式的静听,而是积极地去捕捉发言者的思想和观点,并对这些观点从自己的角度出发进行分析和思考。可见,在倾听的过程中,倾听者的思维始终处于活跃状态。

主动、持续地倾听某人的讲话,实际上就是传递了这样一个信息:你对这个人非常感兴趣,认为他的感受很重要,而且尊重他的想法(即使你并不赞同他的想法)。此外,你还很重视他的付出,理解他的思想,并且认为他的话值得去聆听。最后还能让对方感觉到你的确是一个值得信赖、可以坦诚交流的人。假如仅仅用语言告诉别人——你"尊重"他,对方恐怕很难相信。然而,行动胜过言语,主动倾听对方的讲话,事实上就是用一种无声的语言表达了你对他人的尊重。心理学研究表明,越是善于倾听的人,与他人的关系就越融洽。

有人曾向松下幸之助请教经营的诀窍,他认为,首先要用心倾听他人的意见。松下幸之助留给拜访者的深刻印象之一就是他很善于倾听。一位曾经拜访过他的人这样记录:"拜见松下幸之助是一件轻松愉快的事,根本没有感到他就是日本首屈一指的经营大师。他一点儿也不傲慢,对我提出的问题听得十分仔细,还不时亲切地附和道'啊,是吗?',毫无不屑一顾的神情。见到他如此和蔼可亲,我不由得想探寻,松下先生的经营智慧到底蕴藏在哪里呢?调查之后,我终于得出结论——善于倾听。"

二、五个有效倾听的技巧

1.恰当地提问

最会沟通的人，也是最会提问题的人。恰当地提问，可以让倾听者：一是寻找线索，挖掘细节，以构成清晰的图画；二是了解讲话者的意图；三是确定讲话者的参照体系以及需求和忧虑；四是使沟通朝着对自己有利的方向进行；五是得到自己所需要的信息并交流情感。

2.不要随意批评别人

《人性的弱点》的作者卡耐基认为人性的一大弱点是"做错事只会责怪别人，而绝不会责备自己。"因此人们往往喜欢批评别人，汉斯·塞利说："我们对他人的肯定有多渴望，对责备就有多恐惧。"

在沟通的时候，如果想让自己成为受欢迎的人，那么就要做"不随意批评别人"的人。

3.集中精力听，不要随意打断别人

我们来看下面一则对话。

推销员："保罗先生，经过我的仔细观察，发现贵厂自己维修花费的钱要比雇佣我们花的钱还多，对吗？"

保罗："我也计算过，我们自己做的确不太划算，并且你们的服务质量也不错，但是，毕竟你们缺乏电子方面的……"

推销员:"哦,对不起,我能插一句话吗?我想说明一点,没有人能把所有的事情都做完美,不是吗?修理汽车需要特殊的设备和材料,比如……"

保罗:"对,对,但是,你可能误会我的意思了,我要说的是……"

推销员:"您的意思我明白,我是说,您的员工即使是天才,也不可能在缺乏专门设备的情况下,做出像我们公司那样漂亮的活儿来,不是吗?"

保罗:"你还是没有弄懂我的意思,现在我们这里负责维修的员工是……"

推销员:"保罗先生,现在等一下,好吗?就等一下,我只说一句话,假如您认为……"

保罗:"我认为你现在可以走了。"

为什么推销员被下了逐客令?大家应该看出来缘由了,是因为这个推销员三番五次地打断保罗的讲话。经常随便打断对方讲话的人,只能让讲话者产生厌烦的情绪。

我们小时候就被父母教育"大人说话,小孩别插嘴"。插嘴是非常无礼的表现,无论小孩还是大人都会遭人厌烦,使人不愿与其交流,而且会由于不能得到完整的信息,造成沟通不畅、判断失误。

4.用同理心去倾听

同理心是站在当事人的角度和位置,客观地理解当事人的内心感受，并且把这种理解传达给当事人的一种沟通交流方式，是将心比心。就是假设同样的时间、地点、事件，将当事人换成自己，设身处地去感受、去体谅他人。

同情心和同理心只有一字之差，意思却有天壤之别。那怎么理解同理心与同情心呢？

在沟通中，同情心是安慰，同理心则是理解。同理心需要一定程度情感上的距离——你必须与悲痛、恐惧、愤怒保持距离，保留一定的空间；你必须先把成见摆一边，压抑想要评断与谴责的下意识反应。同理心的核心是"理解"，先理解，才有办法解释。

5.平静，面带微笑，慎用情绪化的字眼

在很多时候，我们不能去要求别人怎么说话，虽然对方说的那些话可能会刺中我们内心最脆弱的地方。但是，无论别人怎么说、怎么想，我们都不要摆出冷漠的态度。微笑，可以拉近彼此之间的距离，增加相互之间的亲和力，正所谓"爱笑的人，运气都不会差"。

戴尔·卡耐基说："一个人脸上的表情比他身上穿的更重要。"美国金融巨头查尔斯·斯瓦布说："微笑是没有国界的语言，我的笑容价值百万美金。"微笑的力量远远超过你的想象。在动物王国，露齿是攻击的象征，但是在人类社会，却完全相反。没有一样东西比微笑能更快地化解他人的敌意并赢得好感。

诺贝尔文学奖获得者施皮特勒曾说："微笑乃是具有多重意义的语言，是善良、友好和赞美的象征。它总是能快速地拉近陌生人之间的距离，当你不知道如何展开话题时，微笑是最好的开端。"

第八节　沟通时必须注意的五个主要细节

细节决定成败，从沟通的细节中就可以看出你的心理和性格。假设一名被告在申辩："我所说的都是事实，没有一点隐瞒！"可在对他审问的整个过程中，他语气总是犹豫不决，时不时用手抠着桌子，回避法官的眼神，身体坐立不安，经常性咽口水……这些行为，即便被告说得再多，其可信度也会很低。

在职场中，我们在沟通时必须注意五个主要细节。

1. 讲话时不要身处角落

喜欢身处角落，往往因个性内向或容易害羞，表现出自己没有自信。在这种情况下进行沟通，往往无法顺利表达出自己的想法，还容易被旁人忽略。

在角落里进行沟通，除不自信、自卑等心理因素外，还会给信息发送者一种安全的感觉，因为在角落里，人们的视野会变得宽阔，可以观察到更多地方，可以及时收集信息，保证自己的安全。

从个体的心理角度来分析，一个区域的边界一般是两个地方的交界处，会比其他地方汇聚更多的资讯，让人们能够接收更多的信息，边界与其他区域相比拥有不一样的特征。

从进化上来讲，人类确保自己身后安全，确保前方视野清楚，是非常具有生存意义的，是对生存环境的一种适应。在野兽到处游荡，人类很脆弱的时期，具有这种警惕性的人更易生存。

但是在沟通中，我们必须要清楚，对方也需要安全感，这也是对方的基本需求。

2.不要一讲话就关门

一般，喜欢在沟通时关窗关门的人，是防范意识比较强的人，这类人对自我领域比较敏感，疑心重，不轻易相信别人，也往往会因为心理压力而心生胆怯，存在自卑心理或孤独的心理。

一讲话就关门，给其他人的感觉是非常不舒服的，好像在议论什么秘密事情或者不方便让第三人知道的事情，因此不要随意关门讲话。

当然，如果门原先是关着的，进办公室沟通时可以顺带再关上。如果门是开着的，进办公室沟通时可以先问对方，门是否需要关上，再决定是否关门沟通。

3.不要一讲话就压低声音

有意压低声音，一般而言，要么是说谎或没有事实依据，要么是严重缺乏自信，当然也有不好意思或难以启齿以及感到害羞的情况。

4.讲话不要老回头

在沟通的时候老是回头看，是典型的狐狸心态，狐狸在走路时因为多疑，总是"一步三回头"。这类人，在沟通的时候总是回头看，看看是否有人在偷听什么，一般属于猜疑心理比较重的人。

猜疑心理是人性的弱点之一，经常思虑过度，凡事都往坏处想，说者无心，听者有意，捕风捉影，无中生有。有这种心理的人，在沟通中自我牵连倾向较重，总觉得其他事情都会与自己有关，对他人的言行过分敏感、多疑。

5.不要感觉你与对方很亲密

这个细节很多人不赞同，沟通就要体现亲密感，为什么反而说"不要感觉你与对方很亲密"？因为，沟通需要彼此清醒的头脑，如果彼此感觉很亲密，会让人变得不清醒，失去本我。

沟通的本质就是自我暴露，但是自我暴露是把双刃剑，对方接纳并认可了你的自我暴露，你就会跟他产生很深的连接。如果对方批判并否定了你的自我暴露，你就容易被伤害。因此，如果一个人的安全感过低，他能作出的自我暴露就很少,他会独立且安全,但跟别人的连接就不会很深。如果一个人的安全感过高,他就会无意间作出很多的自我暴露,他很容易跟别人敞开心扉,同时也容易被伤害。沟通就是要给对方创造安全的环境,而且要让他相信,他的自我暴露是被支持的,你对他持有肯定的态度。

第九节　如何向领导做有效的请示汇报

向领导请示汇报工作是我们一项必备的职场技能。领导为什么要听员工的请示汇报?因为员工请示汇报工作的信息是领导作出判断的基础,当然领导也有自己的信息来源渠道,但是员工的请示汇报工作可以弥补信息不对称问题。同时由于员工和领导所处的位置不同,看问题的视角和视野也不同,员工的请示汇报工作有助于领导把握工作方向。员工通过请示汇报,可以得到领导的意见或建议,这也是员工自己纠偏的过程。

员工的请示汇报工作也是对领导的尊重,任何一个组织的领导都比较看重两个方面:一方面是他的上司是否信任他;另一方面是他的员工是否尊重他。而判断员工是否尊重他的一个很重要的因素,就是员工是否经常向他请示汇报工作。在请示汇报工作中会拉近员工与领导的距离,每次请示汇报工作都是与领导交流沟通的机会,每次沟通都增进了员工和领导彼此之间的了解。

但是在实际工作中,很多人非常苦恼该如何向上级汇报和请示工作,存在着"说多了,不是;说少了,也不是""什么时候该说什么;什么时候不该说什么"等顾虑,请示汇报工作之前紧张,请示汇报工作之后后悔。

一、向领导做有效请示汇报的五步主要程序

1.仔细聆听领导的指示或命令

在职场中,听领导的指示或命令,必须要增强自己的"悟性"。

由于领导的性格、语言以及表达方式和习惯不同,员工的理解和适应能力也不同,所以会出现员工对领导的意图了解不到位,工作不出成绩,领导不满意,工作不开心等问题。因此在工作中及时地、清晰地了解领导意图,减少理解偏差,从而目标清晰地执行领导布置的任务,是做好工作的必要条件和前提。在聆听领导的指示或命令的时候,一定要仔细,当不理解或理解不准确时,可以先做好笔记,待领导指示或命令发布结束后再询问,不能待在自己的"疑惑"里。千万不要没弄清楚就离开,如果目标不清楚,你跑得越快,离目标就会越远。

在职场中领导有时候也在考察员工的"悟性",所以

职场中那些职务提升比较快的人，往往都是"悟性"比较高的人。

怎样更快、更准确地了解领导意图？下面有几个方法。

① 善于观察。了解领导的做事风格、工作方式、用合适的方法将自己的工作与领导的意图对接。

② 比领导多想一些。"你想成为谁，就要学会用他的思维去思考。"如果能站在领导的战略高度来考虑和处理问题，那么你离成功也不远了。

③ 自己多想想，不要把"为什么"挂在口头上。员工要懂得换位思考，不要向领导问为什么，而是让领导做"选择题"，比如"领导，关于保安的辞退，我有几个方法……你看哪个好？"

④ 不要不懂装懂。应该"不清楚就问"，把任务问清楚，但也要避免"打破砂锅问到底"的做法，不要表现出自己的无知和胆怯，要将任务明确，如"领导，你说的这个问题很高深，能不能再给我讲一讲，我保证执行到位，落实到底。"

2. 与领导探讨目标的可行性

领导在下达指示或命令之后，往往会关注员工对该问题的解决方案，他希望员工能够对该问题有一个大致的思路，以便在宏观上把握工作的进展。所以员工在接受指示或命令后，应该根据自己已有的认知、经验、资源以及可能出现的困难和需要的外部资源协调等因素,执行方案,初步判断结果的好、坏,并评估这个方案可能对组织的影响等,以供领导决策。

在与领导探讨方案的可行性后,可以保证自己的后续工作没有偏离目标。

3.有好的工作方式并拟订详细的工作计划

工作方式和工作计划是提高工作效率的有效手段。

工作有两种形式:一种是消极式的工作,即救火式的工作,往往是在错误已经发生后再处理;另一种是积极式的工作,即防火式的工作,可以预见错误,从而提前计划,消除错误。因此,积极式工作都是有计划的。做工作计划实际上就是对自己工作的一次盘点,让自己做到清清楚楚、明明白白。而且,能否制订工作计划,也是职场中能力和管理水平的体现,因为有计划就能做到整体的统筹安排,工作效率自然也就提高了。

一份可执行的工作计划或方案,包括时间期限、参加人员、资源配置、范围、方法以及结果的呈现等形式,同时既要便于对计划进行考核,也要便于领导掌握方案或计划的落地执行。注意,计划时间、计划结果要留有适当的余地,因为执行过程中不可控因素会随时产生。

4.在工作进行中随时向领导汇报

有些人会认为,经常向领导进行工作汇报,会浪费时间，还导致工作效率降低。而且事事都向领导汇报，领导可能会烦。

经常向领导汇报工作的人，会使领导感觉到员工对自己的尊重。而且经常做汇报，也便于领导随时掌握工作进展情况。经常汇报还可以增加与领导沟通的机会，上下级之间的关系就会变得更亲近。

5. 在工作完成后及时总结汇报

工作总结就是以计划为依据，把一个时间段的工作情况进行一次全面系统的总检查、总评价、总分析、总研究，分析成绩、不足、经验等，对已经做过的工作进行理性思考。总结与计划是相辅相成的，工作总结要对工作的主客观条件、有利和不利条件以及工作的环境和基础等进行分析，并对工作成绩和计划执行的优、缺点进行实事求是地总结，成绩有哪些？表现在哪些方面？是怎样取得的？缺点有哪些？表现在哪些方面？是什么性质的？怎样产生的？都应该在工作总结中向领导进行汇报。在总结的最后，一定要有工作经验和教训，对以往工作进行分析、研究、概括，并上升到理论的高度，便于促进今后的工作，明确努力方向，提出改进措施。

为什么要向上级汇报？汇报和不汇报差别在哪里？作为员工，一定要记住任何领导，都有掌控局面的需求，也就是希望掌握自己团队的局面。那么你的工作流程、节点、进度、成功与失败的总结、日常工作中对相关问题的反馈等，都在领导需要掌握的范围之内。比如，华为公司就非常重视培养员工的汇报意识与汇报习惯，华为倡导员工经常进行总结和规划，确保自身发展的方向，发现自身存在的问题和不足。华为公司规定每个员工每周、每月、每个季度、年终都要写总结报告或工作心得，将其汇报给自己的上级，领导则根据汇报中的内容给予回复，指出员工工作中的不足和亮点，同时给予一些中肯的建议和意见。

在我们平时的工作汇报中，为什么有的人做了重要的汇报，可是领导却无动于衷？同样一件事，有的人汇报后得到了表扬，有的人受到了批评？为什么有的汇报会引起别人的反感，甚至被领导无情打断？是因为汇报工作也需要"悟性"，汇报工作需要看准时机，领导不是每时每刻都在等待你的汇报，也并非每时每刻都是最好的汇报时机。

汇报工作一般要注意以下四个方面。

第一，第一时间汇报，重要事情立即汇报，不能拖到第二天。很多时候，领导交代的一项工作任务，可能需要好几天才能完成，但你在接受工作任务后不能几天都不向领导汇报。当然，我们会觉得工作没有做完，就没必要汇报，等做完了再汇报，这样做是不对的。工作成果"及时性汇报"是很有必要的，特别是一些市场调查、数据之类的信息应该及时传递给领导，这样领导就可以根据调查情况和数据来判断市场是否有收益，该项目是否要持续。

第二，**主动汇报，不要等领导问了再汇报**。为什么你每天很累，还受到了领导的批评，因为领导并不知道你在忙些什么。因此，需要在工作过程中，及时、主动向领导汇报工作进度。

第三，**汇报工作实事求是，不要盲目夸大或危言耸听**。"实事"是客观存在的一切事物；"求"是我们去研究，"是"是客观事物的内部联系，即规律性。向领导汇报工作总结的观点或论点，都要建立在实事求是的基础上，如果提供给领导的信息虚假或不真实，将导致领导所做的决策出现失误。

第四，**汇报工作不要浪费领导时间**。向领导汇报工作的目的一定要明确。做了什么？怎么样做的？接下来怎样做？为什么要这样做？任何一件事情或一项工作，都有逻辑分析或推理分析，应按照目的倒推，层层展开或层层分解。汇报工作的时候，简明扼要，突出重点，条理清晰。如果领导有时间或有兴趣，可以展开细节，否则就根据领导安排汇报时间的长短决定汇报内容。

二、向领导作有效汇报的五大要点

第一，精简。层级越高的领导，每天接收的信息就越多，作为领导，一项重要的工作就是在海量信息中快速捕捉有用或有价值的信息，进而进行决策。因此，见到领导就一股脑儿"倾诉"是大忌，汇报工作重点时要尽量精简，而且在汇报的时候，应当先说结果。

第二，有针对性。我们在向别人介绍或解释一件事时，往往喜欢阐述这件事情的前因后果，生怕对方不明白或者有误解，生怕自己的跳跃式思维让人产生疑惑。因此，在向领导汇报时，喜欢汇报前因后果，但这样会"招人嫌"。有针对性的工作汇报绝招有：一是开始就先说结果，如果领导不质疑或者没有提出问题，就不需要解释原因；二是除了意见，还要有建议；三是避免使用永久性、针对性、人格化等容易让人定性的词语，记住汇报工作不是打小报告，尽量避免负面词语出现，尽量做到陈述事实。

第三，从领导的角度看问题。要学会从领导的角度看问题、思考问题、分析问题、解决问题，有意地培养自己的领导思维。

有一个职场故事，一家公司在同一时期入职了两个年轻人,小王和小李,学历相当,面试成绩相当,都被安排在市场部工作。两年后,小王即将被提拔为市场部主管,而小李则是一般员工,还是小王的手下。小李听到这样的消息,很不服气,非常激动地去找老板。老板听了小李的委屈抱怨后说:你俩入职时的资历的确差不多,为什么有现在的不同结果,我一时说不清,现在公司食堂需要一些土豆,你先帮我去市场上看看有没有,这事结束了我们一起来分析一下。

小李愤愤不平地去了市场,看到市场上有土豆,就回来反馈了。领导问今天土豆价格多少?小李说:"你刚才只说看看有没有,并没有要问价格,你想知道我再去一次。"之后,小李折返回来,说土豆0.8元一斤。领导又问土豆质量怎么样?多买有没有优惠?小李又回答不了,只得再往返一次市场。小李再回到公司给领导汇报时,领导说你跑了几次辛苦了,坐下休息一下。然后打电话给小王,同样交代他去市场上看看有没有土豆。

小王出去后很快就回来了,手里还拿着个中等大小的土豆。小王对领导说:"我先后去了三个市场,每个市场只有两、三家摊位有土豆,现在已经过了土豆上市的旺季,估计接下来市场上的新鲜土豆会越来越少。今天市场上的土豆是0.8元到1元的价格,较前几天有小幅上涨。我想着如果要买需要赶紧定下来,就找了市场中看起来品相最好的土豆买了一个样品，也与老板谈好了多买还能优惠和送货，我还把这家的老板请到公司门口了。"

领导看着小李，小李陷入了沉思。

"以责人之心责己，以谅己之心谅人。"身处职场，人人都有难念的经。不论是领导还是员工，都有工作上的责任和压力，生活上的困难和问题，不能外道的难言之隐，因此，每个人都可能有难办事、烦心事、头痛事。角色换位，理解领导的难处有助于得到领导的信任。

第四，尊重领导的评价，不要争论。被领导批评时，不要立即辩解或反抗，待事后领导心情平静了再进行沟通。

企业管理本就无所谓对与错，只有好与更好，所以与领导争论"是非"本身就是有问题的。所谓的观点，都是出于自己的见解。"横看成岭，侧看成峰"就是这个意思。

第五，补充事实。领导了解员工的工作过程还有两个现实意义，一是知道员工是不是在行动，防止拖延误事；二是知道方向有没有错，以及时纠偏。

领导在给你授权以后，他对信息的渴求是前所未有的，如果你不及时进行请示汇报，或者他不能掌握工作进程，尽管你干得很累、很努力，却会给领导造成你是处于"不可控范围内"的印象。

从另一个角度来看，企业的最高管理者也需要接触实践，需要主动去收集信息，保证信息来源的多样性和公正性，这样才能减少下级在信息沟通方面投入的精力。

第十节　不同类型领导的性格特征及应对技巧

　　领导者在影响别人时，会采用不同的行为模式达到目的。因此，领导风格是指领导者的行为模式，也就是习惯化的领导方式所表现出的种种特点。而习惯化的领导方式是在长期的个人经历和实践中逐步形成的，并在实践中自觉或不自觉地起稳定作用，具有较强的个性化色彩。领导力大师保罗·赫塞博士指出："领导者的领导风格是根据领导者在他人眼中的表现来确定的。这与领导者如何看待自己无关，而是与他想要影响的被领导者的看法有关。"

　　那么领导者的风格，由谁来评估？由于领导风格的实质，是领导者待人接物的行为模式，所以，每个人的领导风格都是他带给别人的"感受"，也可以说是"印象"。

　　如何与领导进行有效、良好的沟通，那就需要了解领导的风格，并采取相应的技巧与之沟通。正所谓"知己知彼，百战不殆"。

　　人的性格和风格有很多种，本着实用角度，本章节把领导的风格分成三种类型，便于大家快速掌握。

一、"控制型领导"

一般"控制型领导"的特质是强势、关注结果、不喜欢废话、直奔主题、喜欢被尊重。他们一般让人感觉气场很强,不容易接触。

这种类型的领导表现出较强的控制欲。

如果碰到了"控制型领导",如何做有效沟通?一般可采用以下五种方法或技巧。

1. 说话要简明扼要,干脆利索

"说话简明扼要,干脆利索",用托尔斯泰的话说"人的智慧越是深奥,其表达想法的语言越简单"。职场中无论哪个层级的领导,都不喜欢说话冗长啰唆的员工,而是喜欢员工说话干脆、内容简洁、主次分明。如何做到"说话简明扼要,干脆利索"呢?可以采取以下五种思维模式。

一是向领导汇报工作时,不要浪费时间。简明扼要可以帮助上司节省时间。"时间就是效率",因此一定要用最短的时间完成汇报。

二是工作汇报重在结果,尽量少汇报过程。要把汇报内容进行归纳分类,明确第一项、第二项、第三项。在汇报的过程中,要注意领导的反应,对他关注的部分重点说明,不关注的一笔带过,减少汇报过程。

三是汇报工作遵循三要素原则。就是在进行工作总结和归类的时候，力求三种方法、三个方面、三个方位、三项工作……把全部内容依次分为三点来叙述。

四是汇报时要遵循三句话。要围绕"好处、收益、价值"阐述，尽量少说无关紧要的话。

五是按时间逻辑有序进行。一般是按照过去、现在、未来的这条时间线，有逻辑秩序地进行汇报。上司对你的某一点感兴趣，要求你详细说明，这时候要把重点展开，进行详细的汇报。

2.合适的时候，直截了当，开门见山

说话或写文章应直截了当谈正题，不拐弯抹角。前面章节也说了，在领导心情好的时候，就是在合适的时候，向领导汇报的时候完全可以"直截了当，开门见山"，无需拐弯抹角。

3.尊重领导的权威

在职场处理好与领导间的关系是很重要的，重要的是要尊重领导的权威。

在工作中如何维护领导的权威？要注意细节："不当众纠正领导的错误、问题或毛病，也不要随便插话。"

4.认真对待领导的指示或命令

在任何一级组织中，下级对上级指示采取拒不执行的态度，都会被上级视为对自己权威的挑战。"上有政

策，下有对策"，打擦边球或避重就轻，主观更改上级指示或专拣对自己有利的执行，敷衍了事或对自己不利和好处不大的事情就弃之不理，毫无主动性和创造性，这些态度和行为都构成了对上级权威的蔑视。

领导之所以成为领导，就一定有其长处和优点，领导的指示往往是从全局出发的。领导的指示有其权威性、科学性和可操作性，往往涉及的面广、点多，相当于一个系统工程。认真对待领导的指示，才有利于组织目标的实现。

5.称赞领导

称赞是一种艺术的表达行为，称赞之词一般需要满足对方在知识、能力、见识、胸怀上的心理需求。每个人都有自己的优势所在或引以为豪的地方，称赞对方的时候一定要抓住对方最重视的地方，并将其放到最核心的位置去称赞，这样才能最大限度满足对方的心理需要。

二、"互动型领导"

在扁平化的组织架构中，员工对领导的"崇拜"和领导的"人格权威"魅力无限，员工会出于某种情感而选择去追随。员工的执行力更多体现为亲近感、互动性、包容性和意向性。

"互动型领导"的性格特征：一是善于交际；二是喜

欢与他人互动交流；三是喜欢享受他人对自己的赞美；四是凡事喜欢参与。

"互动型领导"一般喜欢开会，而且他们能抓住机会说话。这类领导创意不断，不喜欢条条框框，喜欢和员工互动，喜欢看到结果。这类领导好为人师，一有机会就喜欢分享自己的经验和看法。

在职场上，如何与"互动型领导"有效沟通？可采用以下两种方法或技巧。

1.公开赞美，真心诚意

"互动型领导"喜欢别人欣赏自己的创意和想法，从这一点上来看，他们就比较喜欢员工赞同自己，当他们把自己的创意和想法说出来之后，会寻找认同的目光，如果看到大家都在点头，就会越讲越兴奋。因此，员工要在公开场合赞美他们，而且要真心诚意，做到言之有物、言之有理。

2.开诚布公谈问题，切勿私下发泄不满情绪

在职场中，如何与领导在交流沟通时候，做到开诚布公谈问题？可以用以下三种方法或技巧。

第一，单刀直入，承认自己很紧张。在见到领导的那一刻，不妨直截了当地说："见到您，我心里有点紧张！"这样，一般领导就会对你表现出随和与热情，另外，从心理学上讲，承认自己心里紧张，就放下了自己的心理包袱，往往是越不承认自己紧张，心里反而越紧张。

第二，相信自己的领导是好领导。在职场中，领导要发挥团队成员的潜力或热情去努力工作，以实现组织目标。没有哪位领导会有意去白白耗费员工资源，因此只要员工找准与领导沟通的时机，并且所讲的事情合情合理，领导都会认真听取。

第三，别向同事发牢骚。在工作过程中，每个人考虑问题的角度和处理问题的方式都有不同，我们对领导所做出的某些决定可能会有自己的看法，但又不敢正面提出意见，就把这种牢骚与同事"分享"了。"言者无意，听者有心"，你的"分享"经过口耳相传，即使是事实也会变调变味。

因此，发牢骚一点用处都没有，既不能解决问题，又破坏了个人情绪。

三、"实事求是型领导"

"实事求是型领导"的性格体现：一是讲究逻辑而不喜欢感情用事；二是为人处世自有一套标准；三是喜欢弄清楚事情的来龙去脉；四是注重理性思考；五是实事求是的最佳实践者。

职场上，在与"实事求是型领导"沟通时，可采用以下三种方法或技巧。

1.直截了当谈他们感兴趣或实质性的东西

"实事求是型领导"一般自律性很强,工作上对自己要求比较严格,一般会让自己处在"忙碌"的状态,行程或者事务安排都是满满当当的。因此,作为员工汇报工作的时候应直截了当,尽量节省领导的时间。对这类领导汇报工作最重要的是提出解决问题的方案,而不是简单地提出问题。

2.回答领导提出的问题,能直接就直接

一个值得领导信任的员工,除了拥有出色的工作能力,最重要的一点就是能"节省"领导的时间。领导的时间的宝贵程度,往往是员工的好几倍甚至数百倍的,员工如果"浪费"领导时间那就是在浪费组织资源。

因此在回答领导的提问时,要进行简明扼要地回答,如果领导对来龙去脉感兴趣,再进行阐述。

3.汇报工作时注意关键性的细节

俗话说"细节决定成败",说明细节的重要性。有时候越是不起眼的细节,越难受到人们的重视或者很容易被人忽视,但是有时候不起眼的细节却成了至关重要的因素。"千里之堤溃于蚁穴"讲的就是这个道理。

但是也别什么细节要都向领导汇报,应汇报关键性的细节,也就是基于自己的专业判断或直觉,认为这个细节至关重要、事关全局或目标成败,就应进行汇报。

第十一节　与领导沟通并说服领导的技巧

与领导建立良好的信赖关系是有效沟通的基础，但是与领导交流又是复杂而微妙的。领导要摆正自己的心态，与员工建立一种相互依赖的关系，员工也要努力与领导建立相互依赖的人际关系。

在工作中，有时候需要领导支持我们的工作或采纳我们的建议方案，需要我们去说服领导。但是说服的方法艺术，一定要因人而异，要言之有理、言之有节，"弓不可拉得太满，话不可说得太绝。"说服领导的关键，在于让领导接受某种观点。如何有效说服领导，可采用六个技巧或方法。

一是选择恰当时机。如何选择恰当时机进行沟通，已经在前面篇章有所表述，本处不再赘述。

二是面带微笑充满自信。自信的定义，在心理学中是指个体对自身成功应付特定情境能力的评估。自信与否，是我们用自己有限的经验去把握这个陌生世界时的那种忐忑不安的心理过程。自信本身就是一种积极、向上的力量，就是在自我评价上的积极态度。第一，成功者必有自信；第二，自信是成功的副产品，并非成功才有自信，而是成功激发自信；第三，越自信越好，但是不能过度，否则就是自负。

俗话说"自知者明",但凡真正自信的人,一是懂得欣赏自己,二是了解对方,三是勇于超越自己。拥有自信的人,会让自己内心平静下来,对自己说:"我能做到!"能够从过度忧虑中解脱出来,并积极地采取有效行动。如果在说服领导的时候,缺乏自信,那么说明你对结果还存在担忧,这样怎么让领导相信你的建议或采纳你的方案?而且在你向领导汇报工作的时候,因为你有了自信,就不那么关注自己了,从而更享受与领导的交流互动,因为你不会担心你给领导留下不好的印象。

三是做好被质疑的准备,并准备好答案。被领导质疑是正常的事情,遇到被领导质疑的情况,是马上跟领导解释,阐明你的想法,还是默默按照领导的指示做事,然后再抽空跟领导解释?还是认为领导不是专业的,什么都不懂,仍按照自己的思路来做事?这些方式都不可取,在向领导汇报工作之前,就要想好哪几点会被领导质疑,并事先准备好答案,这样才能自如应对。

任何计划或方案都有漏洞或薄弱环节,作为领导,把控全局的能力就体现在把控漏洞或薄弱环节上。所以,我们在向领导汇报或提建议的时候,千万不要抱有侥幸过关的心理。

我们在向领导汇报或提建议之前,一定要三问自己:

一是我是否尽心尽力？二是我是不是做到完善？三是还有没有更好的方案？如此，对工作负责，即对自己负责。

四是准备好有说服力的数据。在工作中，很多人做事凭经验、凭感觉，看上去胸有成竹、信心满满，但你问他为什么这么做时，他只能回答"好像""大概""估计"等。为什么？因为没有数据作为支撑。在管理中，对数据的收集、分析是一个苦差事，不但费神费时还很枯燥。但那些业务精熟、能力强的员工，往往注重收集、整理、分析数据，善于从繁杂的数据中寻找关联，揭示事物的本质，并提出解决问题的建议。

那么什么是数据？数据就是数值，也就是我们通过观察、实验或计算得出的结果，通过数据，我们可以知道发生了什么，也可以推测即将发生什么。通过向领导提供数据和分析结果，为领导决定什么事可以做、什么时候做以及应当采取什么样的方式来做，提供可参考的依据。因此，你能向领导提供有说服力的数据，你就是一个很可靠的员工。用数据分析问题、揭示本质，在数据分析下阐述观点会大大增加你说服领导的成功率。

五是尊重领导，勿伤其自尊。尊重他人是我们职场中最起码的道德和修养。领导之所以成为领导，其在工作方法、工作能力、大局眼光上，都有过人之处。我们尊重领导的背后，也有见贤思齐的学习态度。"金无足赤，人无完人"，领导在工作中也可能存在思虑不周全、知识有短板、工作有缺陷等问题，员工应在合适的场合用恰当的方式合理表达。总结两点。

第一点是在请示汇报的时候，有分寸地给领导留出指导空间，让领导行使他决策的权力。

第二点是遇到工作上的困难，要及时向领导请教。

六是要给领导出选择题。领导的主要职责在于启发员工找到解决问题的方法，这就需要员工必须懂得领导喜欢做选择题，不喜欢做问答题。领导需要的不是考试式的请示，而是一个有多种解决方案的提案。所以，当你去汇报，在提出问题后，一定要想好对策。

员工在执行工作的过程中，总会遇到一些难题，为了解决问题，有时候需要向领导请示，这个时候员工应站在实际角度认真思考，并给出至少两种解决方案。

沟通地点的选择可以很广泛，包括办公室、会议室、咖啡厅、个人家中等。为什么要选择沟通地点？因为沟通的地点代表一种态度或者方法。比如，选择咖啡厅沟通，则需要彼此开放式沟通；选择办公室沟通，则会给对方公事公办的感觉；选择个人家中沟通，说明是沟通感情等。

根据实际情况，选择合适的沟通地点与领导进行沟通，容易达到事半功倍的效果。

第十二节　在沟通中让领导了解你

大部分人平均每天有8.3小时在职场,若是扣除吃喝拉撒睡的时间,我们一天在职场的时间比在家里要多得多。但是根据调查,大部分职场人并未被自己的领导充分了解。要在职场显示自己的能力,就要让领导看到你的价值。

如何让领导了解你,给大家提供以下七个方法或技巧。

一是主动报告工作进度。前面篇章也说了,领导要的是结果,但是完成结果之前的过程,也要根据节点或领导的关注度,及时向领导进行汇报,便于领导掌控全局。

员工和领导,在看待同一个问题以及对待工作要求上,存在分歧是非常正常的,这个分歧的根源在于各自所站的高度和角度不同。领导着眼于全局,全盘考虑,而员工往往着眼于本职岗位,只考虑个人或本部门的利益。因此,向领导主动报告工作进度,便于领导及时纠偏,否则一旦形成结果再进行返工,会造成不必要的损失。

二是对领导的问题有问必答,条理清晰。这个已经在前面篇章有所阐述,本处不再重复。

三是了解领导的风格,提升悟性。如何提升自己的悟性，准确把握领导意图，需要多看、多听、多问，分析领导的性格，了解领导的管理风格，与领导建立良好的关系。

四是接受批评，事不过三。第一次犯错是不知道，因此古人曰"不知不为过"；第二次犯错是不小心，别人也许还会原谅你；如果第三次犯错，别人会推测你一定是故意为之，就无法原谅你了。因此在与领导进行沟通的时候，要虚心接受领导的批评，并用实际行动来进行调整或改正。

五是各司其职，团结协作。每个人都有自己的岗位，每个岗位都有岗位职责，每个人在工作中都扮演着各种各样的角色，拥有不同的身份，做着不同的事情，按照管理学所说的"责、权、利"对等原则，就要"各司其职"，完成本职即分内的工作。但是我们还得知道另外一层意思，即"不要逾越自己的权力范围做事，不要以任何名义逾越权力"。

因此，我们在工作的时候，必须清楚认识自己的职责权力，要做到：一是熟悉自己的业务，包括范围和技巧等；二是熟悉业务流程；三是明确目标与时间；四是详细部署与跟进。

在各尽其责的基础上，还要做到团结协作。在现代组织中，判定是不是一个优秀的团队，要看它是否具备了业绩优良、文化健康、勤学文明、活泼向上、团结友善等特征。其中最重要的是看团结，只有团结协作，团队每个人才能有机结合起来，否则团队成员都不愉快，那么最终会导致失败。

如何实现团结协作呢？一方面要建立和谐信赖的关系，营造良好的人际氛围；另一方面要积极参加集体活动，增强团队协作精神，进而产生协同效应。避免人心涣散，人人各行其是的局面。

六是毫无怨言地接受任务。任何组织的规章制度或岗位职责，都不可能做到面面俱到。各种突发问题或事件总是会以意想不到的状态出现。那么那些边界或临近边界以及突发的事情，谁来做？很多人会认为"职责以外的事凭什么要我去？"思维决定未来，格局改变命运。一分耕耘，一分收获，付出一定会有回报，在一个地方的付出，一定会在另一个地方得到回报。所以，当领导给你分配新任务的时候，要毫无怨言地主动承担下来，表达自己对于完成新任务的决心和信心。还要表态：我会努力完成任务，请领导放心。

七是对自己的业务主动提出改善计划。执行力强的员工都有一个显著的特性，那就是具有主动性。什么叫主动性，就是个体按照自己规定或设置的目标行动，而不依赖外力推动的行为品质，由个人的需要、动机、理想、抱负和价值观等推动。同时主动性又是一种道德境界，有为整体利益建功立业的精神，自愿为集体利益服务，反对消极等待和被动态度。

工作主动性特征的一般体现：一是具有预见性，有超前思维，并能根据自己的工作内容和特点，提前做好工作准备；二是具有及时性和准确性，对领导安排的工作，能够按时完成且工作程序规范、质量良好；三是具有团结协作性，在团队中发挥积极作用；四是具有创新性，在实践中能积极努力、勇于创新。主动性强的人，会牢牢地把握"活在当下，把当下做到极致"，他们的共性是会对自己的业务主动提出改善计划，以提高自己的工作效率，产生更高的绩效。

第十三节 跨部门（平级）沟通的技巧与策略

在每次的沟通课程培训中，学员们普遍反映跨部门沟通是比较难的。主要存在以下几个原因。

一是组织分工不明确。现在的组织内部分工大都强调专业化，将组织的活动过程分解为最简单、最基本的工序。专业化分工带来企业内部部门的划分，一旦涉及划分就需要权责明确，因此，管理者大多数实行了"线条式"

的管控模式。

二是既定的部门利益格局。任何组织都有组织目标，并将此分解到各部门和个人，按照绩效管理来确定资源分配和奖惩政策，在利益格局的驱动下，部门作为一个组织内部的小团队，首先要考虑自己的利益，考虑问题时就会很自然地偏向本部门，重本职而忽视全局，强化了竞争而削弱了合作。而且组织分解下达的目标并不完全公正、公平，各部门存在差异是正常的，但是因为有利益格局的驱动，遇到界限并不清晰的事情，相关利益人往往想到的不是这件事情怎么去解决，而是"这件事有没有我的责任？对我有什么好处？我做了会不会有什么不好？这样是不是影响部门利益？"等。由此出现了"事不关己高高挂起"的现象。而且跨部门的协调，需要调动其他部门的资源，需要相应的权限和资源，是比较难的事情，自然就容易造成跨部门沟通障碍。

三是客观存在的个体差异。每个人的经历不同、知识体系不同、所处的环境不同、认知能力不同、角色地位不同，决定了其对外界事物的是非、好坏、善恶、美丑和重要性的评价标准不同，即价值观存在分歧，这往往也容易造成部门间沟通的障碍。比如技术人员比较固执；人力资源管理者比较注重结果；销售人员思维比较跳跃。再比如基层一线员工业务操作能力较强，中层管理人员对事物的判断能力及管理能力较强，高层管理人员的沟通能力和决策能力较强。

四是沟通技巧或能力存在问题。跨部门沟通，需要注意场合、方式方法、语气和情绪等。这部分内容在前面篇章有阐述，此处不再赘述。

五是跨部门沟通机制不健全。前面篇章说了，沟通最大的障碍是缺乏主动。在一般情况下，小事情就自己部门解决，大问题或解决不了的问题才去做跨部门沟通，因此在缺乏跨部门沟通机制的情况下，部门之间信息传递会受到限制，信息反馈机制滞缓，到了需要跨部门沟通的时候，往往事态就较为严重了。

要做到有效的跨部门沟通，关键是找准对方要解决什么问题，再去有针对性地沟通。跨部门沟通要注意的是，如果只是从自己的角度出发，对方听到后一定会先想这事跟我有什么关系，会持怀疑和观望的心态，甚至会拒绝。因此要根据对方的需求，兼顾责任和利益两点提出解决方案。比如在做方案时减少对方的顾虑和责任，增加对方的利益，或者跟对方利益捆绑在一起，再去选择合适的沟通时间，使用沟通技巧与其沟通。

跨部门沟通更重要的是在组织层面，至少要做到统一目标，部门之间如果是为了共同目标一起寻求解决办法，大家的沟通自然就会顺畅很多。

如何提高跨部门沟通的有效性，可以采取下述方法或技巧。

主动积极沟通，保持谦让的心态。主动积极沟通，前面已有阐述，在这里主要讲解"谦让"。

"谦让""礼让"的心理本质就是通过"推己及人"的方式，充分照顾到他人的心理需求和心理感受。"己欲达而达人"即我想要的东西，别人可能也想要，所以我要适当地"让一让"；因为我需要尊重，别人也需要尊重，所以我要对别人"以礼相待"；因为我不喜欢别人傲慢，别人也不喜欢我傲慢，所以我要"谦逊"，如此，我们才能得到别人的尊重和信任。

在人际交往中，谦让极为重要。低调做人，不喧闹、不矫揉、不造作、不故作呻吟、不假惺惺、不卷进是非、不招人嫌、不招人嫉，即使你认为自己满腹才华、能力过人，也要学会藏拙，这样才能在不显山不露水中成就自我。

如何做到谦让呢？

第一，我们要怀"敬畏之心"。就是对某种事物保持一种尊重、畏惧的态度。

第二，我们要怀"仁慈之心"。当你怀着仁慈之心待人接物，你会发现整个世界都是那么美好。

第三，我们要怀"宽容之心"。也就是要理解他人。

第四，我们要学会体谅，替别人去想。体谅就是指设身处地为他人着想，也就是我们平常所说的善解人意。体谅是一种付出，体谅是一种心疼，体谅是一种友好。

我们为什么要体谅别人，因为别人的工作和生活发生了什么，他们正在经历着怎样的纠结、磨难和痛苦，我们可能并不知晓，就算是知晓，也仅仅是看到表象而已。你以为的事实未必就是真相。在前面篇章也说了，每个人因立场不同，所处的环境不同，有时候对方的感受，我们很难去理解或了解。你在体谅别人的时候，其实也是在成就自己。体谅就是对别人的一种尊重。

第五，我们要先提供协助再要求别人配合。我们先来看看什么叫协助，协助就是帮助、辅助，因此，我们要端正自己的态度和认识，先提供给别人协助，再要求别人配合我们，这样跨部门沟通才有基础。

第六，我们要双赢，双赢前要做利弊分析。双赢，强调的是双方的利益兼顾，即所谓的"赢者不全赢，输者不全输"，这来自博弈论思想，也是中国传统文化中"和合"思想与西方市场竞争理念相结合的产物。

第十四节　与员工开展有效沟通的技巧

与员工沟通最大的目的，就是要通过沟通，充分调动员工工作的积极性，使他们的潜力得以最大限度地发挥。

在沟通中，领导的积极激励和消极暗示，带给员工的是完全不同的感受，也会产生完全不一样的结果。与员工的沟通需要智慧，通过沟通能够赢得员工忠诚地追随和尊敬，从而建立领导自身的良好形象。

作为管理者，与员工进行有效沟通的时候，应当先做好以下几个"功课"。

一、我们了解多少，我们要了解什么

组织管理者的重要职责之一是让员工发挥所长，最大限度地调动员工的积极性，如何有效做到这点？那就要了解自己的员工。

作为管理者要了解员工哪些方面呢？应当包括以下五个主要方面。

第一，要了解员工的性格。性格本身无所谓好坏，但是不同的岗位需要相应性格的员工来匹配，这点在前面的篇章已有阐述。

有关员工性格与个性的分类方法有很多，比较常见的测定分类方法有DISC（人类行为语言）、九型人格、MBTI（迈尔斯布里格斯类型指标）、卡特尔16种人格等。但是无论什么方法，作为领导的职责就是要了解自己员工的优点和缺点，并扬长避短。对团队而言，并非大家性格完全相同才是好的团队，不同性格之间优势互补，团队才更有战斗力。

第二，要了解员工的性别差异。常言道"男女搭配，干活不累"，单独看女性或者男性谁的工作能力强、绩效高是很难比较出来的，如果将员工的性别差异组合在一起研究，工作绩效就会产生变化。团队的员工性别组合已逐渐成为组织行为学、领导学、人力资源管理研究的一个新方向。

第三，要了解员工的专长。专长就是指特别擅长的学识、技艺、本领或特殊才能。领导者要善于从每个员工身上，发现其特长或潜力，并加以引导和开发。没有平庸的员工，只有平庸的管理者，因为任何人都有长处。

第四，要了解员工的个人特质。个人特质是一个人所独有的心理结构，这种心理结构突出体现了人与人之间的心理差异是个人所特有的。心理学发展到今天，更加明确了个人特质是一个人相对稳定的思想和情绪方式，是可以通过外在表现测量的内心活动。比如害羞、进取心、顺从、懒惰、忠诚、畏缩等，通过这些特质的稳定性或者出现的频率，来对个体进行描述和预测。

第五，要了解员工的情绪。情绪指情感及其独特的思想、心理和生理状态，以及一系列行动的倾向。通俗地讲，情绪是对一系列主观认知经验的统称，是多种感觉、思想和行为综合产生的心理和生理状态。最普遍通俗的情绪有喜、怒、哀、思、悲、恐、惊等，也有一些细腻微妙的情绪如嫉妒、惭愧、羞耻、自豪等，情绪常和心情、性格、脾气、目的等因素互相作用，也受到荷尔蒙和神经递质影响。

无论正面还是负面情绪，都会引发人们的行为。情绪可以被分为与生俱来的"基本情绪"和后天学习到的"复杂情绪"。基本情绪和原始人类生存息息相关；复杂情绪必须经过人与人之间的交流才能学习到，因此每个人所拥有的复杂情绪数量和对情绪的定义都不一样。

美国洛杉矶大学医学院心理学家加利斯·梅尔做了一个实验，他将一个开朗的人和一个整天愁眉苦脸的人放在一起，不到半个小时，这个乐观的人也变得郁郁寡欢了。加利斯·梅尔随后又做了一个实验证明，只要20分钟，一个人就可以受到他人低落情绪的影响。一个人的敏感性和同理心越强，就越容易受到坏情绪的影响，这种影响过程是在不知不觉的过程中完成的。人的情绪随着情境的变化而变化，并且情绪指数可以通过一个公式测定：人的情绪指数＝实现值／内心期望值，如果情绪指数大于1，那么说明期望已经实现，于是情绪就高涨，指数越高，情绪越好；反之，情绪则容易低落。

二、对自己的员工，要经常问三句话

管理者在做好了上述的功课后，要经常问员工以下三句话。

第一句话是"你喜欢目前这份工作吗？"

作为管理者，当你问你的员工"你喜欢目前这份工作吗？"如果回答是"喜欢"，那一切都好办了。如果回答是"不喜欢"，那么他目前的工作会有两个方面的表现：一方面是整天抱怨，仿佛生活在水深火热之中；另一方面就是破罐子破摔，毫无激情，麻木成为其对工作的主要态度。

也许有人会说，员工自己喜欢的工作，未必是他擅长的。没错，但我们换个思路想想，无论做什么工作，如果不喜欢，你还有激情和热情吗？如果喜欢了，就会全身心投入工作中，也就有了做事的动力，而且，只有一直喜欢一件事物，你才会与它久处不厌，才会一直有动力。

第二句话是"你觉得我用到你的长处、发挥你的强项了吗？"

《吕氏春秋·孟夏纪·用众》："物固莫不有长，莫不有短；人亦然。故善学者假人之长以补其短"。这句话的意思，已经在前面篇章中阐述，本处不再赘述。此处主要是指领导要判断员工的长处和强项，扬长避短。

第三句话是"将来如果有机会调整工作,你想调什么样的岗位或工作?"

问这个问题的初衷就是判断员工是不是喜欢目前的岗位,目前的岗位是否发挥了他的专长或特长。

三、了解状况,多询问

作为管理者无论是了解员工个人情况还是业绩情况,必须要先了解员工,多询问员工本人和周边同事,避免盲目下结论或盲目指示。对自己的员工或事情了解不全面,就容易造成偏听偏信。

四、要提供方法,要紧盯过程

在前面篇章里也阐述了,领导就是解决问题的人,当自己的员工来请示工作或要求解决问题时,作为领导必须要提供方法。而且,虽然领导要的是结果,但是过程自己也要盯紧。

五、允许试错

一个企业的文化和机制,是否具备创新土壤,很大程度在于对待试错的态度。很多领导都看重员工的绩效和结果,这样的管理本质是没错的,但是组织要转型,模式要创新,要打开新的市场局面,领导者需要鼓励员工敢于试错。这部分内容在前面篇章也已有阐述，此处也不再赘述。

第十五节　赞扬或批评员工的技巧

"给人一个好名声，让他们去实现它"，说的是被赞扬的人宁愿作出惊人的努力，也不愿让你失望。领导不要吝啬自己的赞扬，而且领导的赞扬也符合马斯洛需求层次的"荣誉和成就感是人高层次的需求"，同时赞扬更是传达一种肯定的信息，可以激励员工。

一、赞扬员工的技巧

（一）态度真诚

真诚就是真心实意、坦诚相待，从心底感动他人而最终获得他人的信任。无论是上下级还是平级，人与人之间相处贵在"真诚"二字。"种瓜得瓜，种豆得豆"，只有展现真实的自我，才会收获别人的真诚。因为人们无意识中在遵守"人际关系互惠"原则，有了真诚，就可以化猜忌为理解；有了真诚，就可以化怀疑为信任；有了真诚，就可以化隔阂为融洽。那么怎么样做才算是表露真诚呢？

第一点是"适时恰当地暴露自己的缺点"。一般情况下，人都有在交往中掩饰自身缺点的习惯，害怕自己的缺点被别人看到，影响自己在别人心中的形象。心理学研究表明：人们并不喜欢十分完美的人，恰恰是一方面表现优秀而另一方面有一些小缺点的人最受欢迎，至少"我们都是有缺点的人"，再者"君子有恻隐之心"，你只有暴露了自己的缺点，才能让别人感觉你并非高不可攀。

第二点是"真心实意地去关心对方"。要做到这一点，就需要我们主动地去了解和记住别人的情况，因为这样，能让对方感觉到自己受重视，进而喜欢和信赖你。据说拿破仑能叫得出手下全部军官的名字。每当拿破仑叫出某个军官的姓名时，对方往往非常激动，感觉自己受到了领导莫大的重视。因此，他们对拿破仑非常忠心。

第三点是"言语得体"。我们赞扬员工的时候，要在措辞、语气上营造出真诚的气氛，我们自己保持谦逊的态度，否则桀骜不驯、高高在上会让人难以接近。

（二）内容具体

就是指赞扬主要要表达什么内容，并且必须具有中心思想，一般是要通过时间、地点、人物、起因、经过、结果来概括。内容具体就是要避免赞扬内容跑偏或者断章取义导致"形式主义"。

形式主义的典型特征是脱离现实和实际，片面强调形式的绝对化，认为是形式决定内容，而不是内容决定形式。也许有些人觉得形式主义能带来更多的美感和秩序，但其实并不是这样的，形式主义容易给人带来烦恼和焦躁，这属于一种虚假的表演，而且是不是形式主义，大家一眼就能够看出来，为什么要花费那么多的心思表演一场显而易见的戏呢，还不如让大家都尽快地发展好自身。

（三）选择适当场所

领导为什么要赞扬员工？前面篇章中也讲了很多，既有激励的意思，也有肯定的意思，还有树立标杆的意思，等等。无论哪一种，都包含一种意思，那就是"他值得我们大家学习。"同时，领导的赞扬可以使员工认识到自己在群体中的位置和价值，潜意识里给员工在团队里排了座次。领导赞扬员工还能够消除员工对领导的疑虑与隔阂，有利于上下团结，表明领导很关注员工的事情，对员工的一言一行都很关心。

赞扬是一种倡导员工选择积极价值取向的行为，当然，对员工的赞扬要越公开越好，声势越大越好，反响越热烈越好。

（四）运用恰当的方法

既然是赞扬，就要运用恰当的方法，才会有效果。空泛化的赞扬，容易给人感觉不真诚，虚幻，生硬，使人怀疑其动机。一般可采用下述七种技巧或方法。

第一种是"从否定到肯定的评价"。

第二种是"投其所好，及时赞扬"。

第三种是"主动与员工打招呼"。不要摆出领导架子，不屑于同员工打招呼，一定要表现出谦逊的态度或姿态。特别是对那种非重要岗位的基层员工，如门卫、清洁工、司机等。

第四种是"适度指出别人的变化"。这类表达，可以起到的言外之意是：你在我心目中很重要，我很在乎你的变化。

第五种是"适当贬低自己"。这样，你会给属下一种莫大的鼓舞。

第六种是"逐渐提高你对别人的评价"。

第七种是"看似否定实际肯定的赞扬"。

员工做错了事情，领导要进行适当的批评，让他知道自己错在哪里。"良药苦口，忠言逆耳"，批评是帮助和教育，具有激励和约束两重功能。但是批评需要注意技巧，否则批评就会成为领导者发泄自己情绪的方式，不但没有达到教育或激励员工的目的，反而使员工产生更多的不平和不满。因此，应该尽量减少批评所产生的副作用，减少员工对批评的抵触情绪，从而保证批评的效果尽可能理想。

二、批评员工的忌讳和技巧

一是不要生硬地批评。就是对员工赤裸裸地批评,每个人都是有逆反心理的,你越是生硬,他越是与你对抗。二是不要胡乱地批评。就是不分青红皂白地批评,有些事情看似是员工的错误,但是根源却不是他。三是不要做对立面的批评。就是员工一出错,领导就站在自己的角度去指责员工所犯的错误,把员工当作一个任由自己摆布的棋子。

因此,批评员工也需要高超的沟通技巧或艺术。

一般情况下,领导批评员工时,批评的忌讳有十二种。

第一种忌讳是"捕风捉影"。要避免偏听偏信,疑神疑鬼、听信流言,无中生有,一定要尊重事实、就事论事。

第二种忌讳是"恶语伤人"。不要进行人身攻击,应摆事实、讲道理,不能尖酸刻薄,讽刺挖苦,避免伤害员工的自尊,让员工产生逆反心理,评价也要恰如其分。

第三种忌讳是"情绪失控"。避免员工与自己形成对立。

第四种忌讳是"以偏概全"。不能夸大其词,否定一切,打击员工的自信心。

第五种忌讳是"以权压人"。避免恐吓员工,威胁员工,让员工产生"仗势欺人"的感觉,极大地损伤员工的团结和合作。

第六种忌讳是"场合不合适"。批评的时候要让员工的面子上过得去,批评的范围越小越好,最好是没有第三人在场时进行批评。

第七种忌讳是"推卸责任"。作为领导,自己要合情合理地承担相关责任。

第八种忌讳是"以生硬的方式结束"。批评不是为了打击,而是要让员工干得更好。因此在批评结束的时候,可以提出对他的期望作为结束,表明领导者更希望看到员工呈现优秀的绩效。

第九种忌讳是"背后批评"。对员工的批评,一定要当面指出,这样管理者的意见和态度,才能被员工清楚地了解,同时也有助于彼此交换意见。如果在背后批评或议论,再经过别人传递,信息往往容易失真,影响了批评的效果。

第十种忌讳是"使用戏谑言辞"。这种词语会让员工自尊心受伤,不论动机是否友善,都会使员工认为那是一种讽刺,从而引发员工的不满。

第十一种忌讳是"重复批评"。批评员工,每次只批评一件事,而不要将几件事串联在一起批评。因为多重性批评会使员工分不清事情的轻重缓急,也会使员工感到无所适从。

第十二种忌讳是"做比较批评"。将某员工和较为优秀的员工相比，以衬托出该员工的不足，势必引起该员工对被比较者的敌视。

"有效"批评员工，可以采用以下方法或技巧。

第一种是"用标杆的方法和表扬的方法"。就是把"批评"变成"自我批评"，要想让员工自愿地做出行为的改变，就要让员工知道什么可以做、做什么会被奖励、做什么要接受惩罚，因为用树立榜样和标杆的方式来告诉员工，比批评的效果要好多了，没有哪个人是故意犯错或明知不可为而为之的。

第二种是"领导不直接批评"。让团队氛围来"改造"。

第三种是"底线原则"。放过一些细枝末节。就是对触及"底线"的行为要进行批评，其他的可以适度"放任"。

第四种是"三明治式批评模式"。就是先肯定员工过去的行为和业绩，再指出现在的错误，并进行批评，最后再提出组织的期望，表明领导还是看重员工的。

第五种是"先让员工说自己"。就是给员工一个解释事情前因后果的机会，既有利于领导弄清楚事情的来龙去脉，也有利于掌握批评的证据，而且不会给员工太大的心理压力，大家可以放松下来。

第六种是"回避部分问题，要把问题转化一下"。心理学上认为每个人在受到批评的时候，无论用什么样的方式,都会有抵触情绪,因此领导要回避部分问题,要把问题转化为可执行的行为方式。

第七种是"**在双方承诺保密的情况下,做一个小小的约定**"。双方约定下一个绩效考核的周期,如果能按照共同商量的意见去做,可以给员工一个小小的奖励,然后双方都承诺保密。这样的批评不仅变成了一种奖励,而且能最大限度地激发员工的主动性和积极性。

第八种是"**责人先责己**"。员工把事情办砸了,领导也有脱不开的责任。如果不先承担自己的责任,怎么让员工心服口服。

第九种是"**惩罚要适度**"。领导批评员工的时候,最忌讳的一句话就是"看我怎么收拾你。"你知道员工听了这句话,心里会怎么想吗?"怎么收拾我,你也没想好?就是说收拾我是你私人恩怨?就是说你很不专业。"其实,不可预期的惩罚会放大恐惧,这样做领导还能指望员工发挥主观能动性?就是惩罚员工,也要表现出受罚之后到此为止的意思,再重的惩罚只要在适度的范围内,大家都是能接受的。

第十种是"**轻话说重,重话说轻**"。在批评员工的时候,轻重最不好拿捏。你觉得忍无可忍、无须再忍,对方可能根本不知道你为什么发这么大脾气;你觉得轻轻点一句就好,对方可能还真没当回事。怎么办呢?那就要"事情越轻,你的话反而要说重;事情如果真的很严重,你反而要把话说轻"。举个例子,体检的时候查出"三高"(高血压、高血脂、高血糖),负责任的医生会非常严肃地跟你讲:"要注意啊""这样下去不行啊""什么病都会有啊";可是如果真查出较严重的疾病了,医生反而会说得比较轻松:"不要有心理负担""这个病现在治疗方法已经很成熟了""我们有很多专家,都很有经验""你要认真地听医嘱"。为什么呢?因为事情轻微的时候你不在意,所以话要说重,事情严重的时候你自己已经吓着了,所以话反而要说轻。一件小事,你严肃批评员工,其实也是告诉他:"这事小不小,不是你说了算,是我说了算,我能看得比你远,要防微杜渐。"这样能够表现领导的一种掌控感,能够树立权威。一件大事,人人都知道很严重,你轻描淡写地帮员工扛了,不但不说重话,反过来还安慰他,就是告诉他:"没事,我摆得平。"这样能够让员工死心塌地地崇拜和感恩你,这种批评可以让你拥有一个忠心的员工。

行为科学中有著名的"保龄球效应"。两名保龄球教练分别训练各自的队员,他们的队员都一球打倒了7个瓶。教练甲对自己的队员说:"很好!打倒了7个。"他的队员听了教练的赞扬很受鼓舞,心里想,下次一定再加把劲,把剩下的3个也打倒。教练乙则对他的队员说:"怎么搞的！还有3个没打倒。"队员听了教练的指责，心里很不服气，暗想："你怎么就看不见我已经打倒的那7个。"结果，教练甲训练的队员成绩不断上升，教练乙训练的队员打得一次不如一次。

员工在工作中犯了错误，领导者自己也要反省自身的错误，不能一味地追究员工的责任。同时批评员工时要实事求是，勇于承认自己的不足，而不能为了面子不懂装懂，一味指责员工。否则，会遭到员工的不满甚至鄙视。

无论是作为管理者还是员工，我们都免不了接受别人的批评，或者去批评别人。但是，无论是批评别人，还是接受别人的批评，都不要忘记赞扬别人，发现别人的优点。